내일도 출근하는 딸에게

내일도 출근하는 딸에게

유인경 지음

위즈덤하우스

차례

프롤로그 딸아, 여왕이 아니라 여신이 되어라 • 7
딸의 추천사 혼자 듣기엔 아까웠던 엄마의 따뜻한 조언들 • 12

1 MONDAY
아, 지친다

우리 모두 오늘이 익숙지 않다 • 19
외로움과 사이좋게 지내는 법 • 24
인생은 원래 불공평한 것이다 • 30
사표를 내는 모습이 멋지려면 • 35
너의 하루는 어떻게 흘러가니 • 41
하루에 3시간이라도 집중하기 • 47
오늘을 기록하는 사람은 내일이 다르다 • 52

2 TUESDAY
나한테 왜 이러는 걸까

불평불만이 너의 발목을 잡는다 • 59
긍정적인 기운이 퍼지는 말, '네' • 63
왜 내가 이런 일을? • 68

모욕을 웃어넘길 줄 아는 여유 • 73
상사의 잔소리에 대처하는 법 • 79
상사는 칭찬에 목말라 있다 • 83
네가 상사라면 어떤 후배가 예쁠까 • 88
누구나 먼저 다가가기가 힘들다 • 92
멘토는 너의 가까운 곳에 있다 • 96
리더에게 넌 어떤 팔로워일까 • 102

3 WEDNESDAY
그러지 말았어야 했는데

적어도 게임의 법칙은 알아야 하지 않을까 • 109
이제 더 이상 '걸(girl)'은 아니니까 • 115
드라마를 보고는 울어도 사무실에선 울지 마라 • 119
회의가 두려운 여자들 • 126
그 말을 네가 듣는다면 어떨까 • 131
험담에 휩쓸리지 않으려면 • 136
정직이 가장 경제적이다 • 142
서툰 위로는 상처를 준다 • 148
술자리를 적당히 즐기는 사람의 매력 • 153
인맥을 일부러 만들지 마라 • 159

4 THURSDAY
머뭇거리지 말고 당당하게

일단 요구해야 무슨 일이라도 생긴다 • 167
손을 들어라, 일단 그리고 계속 • 173
세련된 거절의 기술이 필요하다 • 178
비난을 충고라고 여기는 순진한 착각 • 184
착한 짓과 오지랖의 경계선 • 189
겸손해 보이기 위해 약점을 발설하지 마라 • 194
때론 뻔뻔한 자랑질도 필요하다 • 198
사랑받는 직원보다는 존중받는 직원 • 204
스스로 판단하고 결정하라 • 208

5 FRIDAY
한 걸음 쉬었다 가자

'치열함'이라는 단어에 주눅 들지 마라 • 215
자신만의 인생 속도를 가져라 • 220
질투심이 없는 척하지 말고 이용하자 • 225
오리지널이 되어야 한다 • 230
아름다움을 꾸준히 가꿔야 하는 이유 • 235
감사하기 때문에 행복하다 • 241
모든 건 애티튜드의 문제 • 247
밤마다 '딴짓'을 하라 • 253
'나중에'가 아니라 '지금' • 259

프롤로그

딸아,
여왕이 아니라 여신이 되어라

《내일도 출근하는 딸에게》란 책이 처음 나왔을 때 난 현역 신문기자였고, 딸은 파리에서 석사 과정을 밟고 있었다. 책은 과분한 사랑을 받았다. 그동안 나는 무사히 정년퇴직을 했고(경향신문 70년 역사상 여기자로서는 최초로 정년퇴직을 해서 본의 아니게 정년퇴직한 여기자란 타이틀을 얻었다), 딸은 학위를 따고 돌아와 직장에 취업하고 결혼도 했다. 몇 년 사이에 우리 모녀의 사적인 변화보다 너무 엄청난 일들이 우리 사회, 이 땅의 딸들에게 일어났다.

대통령 후보나 고매한 문화계 인사들도 무너뜨린 미투 열풍,《82년생 김지영》책과 영화의 돌풍, 직장 내 괴롭힘 금지법 시행, 주 52시간 근무제, 남자 육아휴직 확산, 입사보다 더 흔하고 중요해진 퇴사, 화장도 '꾸밈 노동'이라며 민낯으로 출근하고 브래지어 착용도 신체 억압이라며 거부하는 젊은 여성들, 호칭 대신 이름 뒤에 '님'을 붙여 부르는 평등한 호칭 문화…… 법과 시스템의 변화로 보면 우리 딸들은 콧노래 부르며 꽃길만 걸어가면 될 것 같다.

하지만 기울어진 운동장을 겨우 평평하게 만들어가는 과정에서, 이제야 바로 서려는 딸들에게 무시와 차별보다 더 무서운 '혐오'가 퍼부어지고 있다. 잘못을 저지른 것도 아닌데 단지 여성이란 이유만으로 모르는 사람들에게 혐오와 범죄의 대상이 된다는 것은 얼마나 공포스러운 일인가.

게다가 이제는 한 직장이나 조직에서 꼰대, 베이비부머, X세대, 밀레니얼, 그리고 90년대생인 Z세대까지 5세대가 공존한다. 여전히 '나 때는 말야'를 늘어놓는 꼰대 상사, 다가올 정년의 두려움과 가장의 무게로 커피 한 잔 제대로 사지 못하는 베이비부머 선배, 과거의 화려한 오렌지족에서 우중충한 중년이 된 X세대, 절대 부모세대보다 경제적으로 잘살 수 없다는 자괴감에 '욜로'를 외치는 밀레니얼 세대, 그리고 드디어 '난 나만 사랑해'를 노래하고 급식체 신조어를 사용하는 90년대생 Z세대들이 한 직장에서 일하면서도 정작 서로를 이해하지 못하는 것 같다.

딸을 키우는 엄마, 30년 기자생활을 하며 사회 곳곳을 누볐으면서도 나는 그동안 '젠더 감수성'이 부족했음을 고백한다. 평범한 직장이 아닌 신문사에서 나름 내 목소리를 내긴 했지만 수많은 부당함을, 수없는 차별을 '세상이 그런 거야' '더러워도 참아야지' 등을 신음처럼 내뱉으며 견뎠다. 어쩌면 열정과 노력이 아니라 둔감함 덕분에 정년까지 완주한 것 같다.

개인의 인생에서건 직장 생활에서건 가장 중요한 것은 자신이 원하는 것을 얻는 것, 소중한 내 꿈을 이루는 일이다. 꿈은 아름답지만 그 꿈을 실현하는 과정은 아름답지만은 않다. 직장에서 돈을 버는 것은 진흙탕에 손을 집어넣는 일이라고 한다. 그만큼 아니꼽고 더럽고 매스껍고 치사한 과정이다. 그러나 진흙탕에서 연꽃이 피어난다.

30여 년의 직장 생활을 무사히 마무리하고 또 이제 30대가 된 딸의 직장 생활을 지켜보는 엄마로서 난 왜 똑똑하고 유능하고 예쁘고 체력도 뛰어난 알파걸들이 직장에 들어와서는 알파레이디로 잘 성장하지 못할까 살펴봤다. 법과 제도. 사회의 구조 이전에 여성들의 문제부터 살펴보았다.

여전히 여성들은 직장이나 조직사회의 룰을 잘 모른다. 직장은 경기장이다. 축구건 농구건, 경기에서는 점수를 얻어 승리하는 것이 목표다. 때론 반칙도 하고, 때론 공격을 받아 부상도 당하면서 결국엔 이기는 것이 승자이고 최고의 선이다. 그런데 여성들은 축구장에 들어서서도 "난 축구 규칙을 몰라요"라고 머뭇거리거나 팀워크보다 개인기를 과시하려 든다. 운동경기에서는 동료들과의 호흡도 중요하고 감독의 사인도 봐야 하는데 대부분의 여성은 그저 자기 앞의 공만 보고, 무조건 혼자 그 공을 몰아 골대에 넣으려고만 한다. 그러니 동료들은 불만이 생기고 감독은 자기 지시를 무시한다고 화를 낸다.

아무리 1초도 쉬지 않고 운동장을 미친 듯이 돌아다녀도 훌륭한 선수라고 인정받지 못한다. 경기장에 들어서기 전에 자신이 할 운동경기에 대한 규칙과 룰을 익혀야 하고, 경기를 시작하면 동료들에게도 기회를 주고 감독의 사인을 수시로 잘 받아야 팀도 승리하고, 자신도 감독으로

부터 다음 경기에 출전할 기회를 얻는다.

또 너무 쉽게 경기장에서 퇴장하려 한다. 사내정치나 직장 생활 전략을 매우 부정적으로 여기고 일에만 몰두하다 보니 금방 탈진해버리고, 작은 일에도 상처받아 도망가려 한다. 남자들은 모욕을 당하고 모멸감을 느껴도 절대 먼저 퇴장하지 않는다. 자기에게 이익이 되는 한 버틴다. 직장은 칭찬과 격려보다는 지적과 비판을 듣는 곳인데 비판에 너무 예민하고 취약하다.

여왕증후군도 문제다. 여성들은 성실히 일만 하면 조직이 여왕의 왕관을 씌워주리라고 믿는다. 동료나 상사로부터 존중받기보다는 사랑받으려고 한다. 그러나 아무도 왕관을 씌워줄 사람은 없고, 이 사회가 필요한 사람도 조직을 아우르는 인재이지 사랑을 구걸하는 여왕은 아니다.

나는 내 딸을 비롯한 젊은 여성들에게 여왕이 아니라 여신이 되라고 말하고 싶다. 언제 쫓겨날지, 언제 왕관을 뺏길지 몰라 전전긍긍하는 여왕이 아니라 자신만의 개성과 존엄성을 갖고 자신을 진정으로 사랑하는 여신이 되어야 한다. 자기 안에 있는 여신의 존재를 인식하고, 여신답게 일을 처리하면 출세나 성공이 아니라 진정한 성취를 이룰 수 있다고 믿는다.

사회학자들은 호모 헌드레드Homo Hundred, 즉 100세 시대를 사는 젊은 여성들은 앞으로 생애 주기를 통과하며 평균 일곱 가지 이상의 직장이 아닌 직업을 체험하며 살아야 한다고 말한다. 그러니 한 직장에서 빨리 부장으로 승진하는 것, 동료보다 연봉이 많은 것은 중요하지 않다. 30대 초반에 외국계 기업 이사로 발탁되어 매스컴의 스포트라이트를 받다가 비리로 몰락한 여성, 정계나 언론계에서 승승장구하다 추락한 여성들을 목격했다.

　어떤 직장에서 일하건, 무슨 직업을 갖건 그 자리에서 자신의 재능을 발휘하고 동료애를 나누고 조직의 승리에 기여하면서 자신의 발전을 이루려면 여왕의 파워보다는 여신의 당당함과 자존감이 필요하다고 생각한다. 순간의 승리에 도취하기보다 100년을 한결같이 자신을 보듬고 지켜주는 자존감과 타인을 배려하는 자세가 진정한 여신을 만든다고 믿는다.

　대부분의 딸들은 엄마를 사랑하지만 엄마의 말은 잘 안 듣는다. 엄마가 아무리 지혜로운 조언이나 명언을 들려줘도 시큰둥해하지만, 방송에서 연예인이 한 말에 더 감동하고 아는 언니의 조언에 더 고개를 끄덕인다. 참으로 감사하게 내 딸은 엄마인 내가 해주는 여러 이야기들을 잘 들어줬다. 그건 아마도 내가 엄마여서만이 아니라 직장 생활을 30년 가까이 한 인생 선배여서, 그리고 절대 범접할 수 없는 모범적이고 훌륭한 사람이 아니라 숱하게 실수를 하는 보통사람이어서 경청한 것 같다. 엄마의 경험담과 실수담, 그리고 세상 구경한 이야기들을 들으면서 '저렇게 살면 안 되겠다'란 반면교사 효과도 얻는 것 같다.

　숱한 지뢰와 번개를 직접 체험하고 정년퇴직까지 한 나는 매일 출근했던 직장 생활, 내 책상과 자리가 그립다. 내 딸과 그 친구들에게 오늘 한숨 쉬고 눈물을 흘렸어도 내일도 출근할 곳이 있다는 것이 그래도 행운임을 알려주고 싶다.

딸의 추천사

혼자 듣기엔 아까웠던 엄마의 따뜻한 조언들

완벽한 엄마를 갖는다는 건 어떤 것일까? 살면서 완벽한 엄마를 경험해본다는 건 행복으로도 모자랄 만큼 엄청난 선물이다. 그리고 나는 내 생의 모든 행운을 '완벽한 엄마' 덕분에 시작할 수 있었다.

엄마는 내가 초등학교 5학년 때까지 세상에서 카레는 3분 카레만 있는 줄 알게 했고, 대학교에 오기 전까지 학원은 모두 내가 알아서 다니게 했지만, 그런 것들은 내가 생각하는 완벽한 엄마의 조건에 들어가지 않았다. 엄마는 김치찌개 하나도 맛있게 만들 줄 모르고, 섬유유연제의 존재도 시트콤을 통해 알게 했지만, 그리고 제대로 된 미용습관도 알려준 적이 없지만 내가 살아온 모든 날 동안 엄마는 내게 최고의 엄마였고, 세상에서 가장 완벽한 엄마였다.

엄마는 그 누구보다 완벽한 나의 수다 상대이다. 하루에도 몇 통씩, 집에 와서도 지겹도록, 우리는 조잘조잘 떠든다. 심지어는 수다를 떨다가 밤을 새서 곧바로 엄마는 회사로 나는 학교나 직장으로 가게 되는 일도 종종 있었다. 우리의 대화 주제는 무라카미 하루키부터 김수현까지, 지구온난화부터 우리집 애견 리즈 양의 의상까지 다양하다. 시시콜콜한 연예인 뒷얘기는 물론이며, 55년 숙성된 인생의 진한 내공이 느껴지는 인생 상담까지 엄마 앞에선 이야깃거리가 술술 흘러나온다. 나를 마음 아프게 하는 옛 남자친구에 대한 구질구질한 추억을 곱씹기도 하고, 상대적 박탈감이 주는 조바심에 아등바등하는 현실까지 털어놓는다. 다른 친구들은 엄마에게 못한다는 이야기를, 아무렇지도 않게 엄마에게 하고, 꾸지람이나 잔소리 대신 위로와 이해를 받는다. 우리는 하루키의 수필집의 어떤 부분을 얘기하며 킬킬거리고, 개그콘서트의 유행어를 따라 하며, 아빠의 말투를 흉내 낸다. 친구와도 하지 않는 유치한 말장난을 엄마랑 하루 종일 하고, 장기하나 검정치마의 노래를 틀어놓고 밥을 먹기도 한다. 세상에서 가장 유치한, 아니 가장 유머러스한 우리 엄마가 나의 가장 완벽한 수다 상대이다.

게다가 엄마는 세상에서 가장 따뜻한 멘토이다. 고민이 돌집 떡보다 높게 쌓여있을 때, 나는 엄마에게 제일 먼저 이야기한다. 엄마는 딱딱하게 해결책을 제시하거나 명령을 하는 대신 다 함께 공감하는 경험이고 나아가는 과정임을 느끼게 해준다. 그래서 나는 외동딸임에도 불구하고 한 번도 혼자라서 외롭다고 느끼거나 심심하다고 생각하지 않았다. 엄마는 늘 내게 가장 따뜻한 위로를 해주는 언니였고, 또 가장 희망적인 응원을 해주는 쌍둥이 같았고, 그러면서도 가장 현실적인 조언을 해주는 인생 선배였다.

내가 원하던 대학에 떨어져 낙담하며 다니게 될 대학에 대해 불만을 털어놓았을 때, 엄마는 "그러게 공부를 더 잘하지 그랬어"가 아니라 "나는 네가 그 대학에 가서 행복했으면 좋겠어"라고 말해주었다. 20대 중반에 다니던 직장을 그만 두고 프랑스 파리의 대학원에 간다는 결정을 내렸을 때도 "절대 너무 늦은 시간이 아냐. 이다음에 네가 늙어서 뭘 후회할지를 생각해봐. 유학 다녀와서 뭘 할까 두려워하지도 말아. 그때 가서 생각하자"라고 다독거려줬다.

엄마는 늘 공부를 잘하는 딸보다는 스스로 만족하고 행복해하는 딸이 되길 원했다. 내가 더 많이 갖고 더 많이 성취하고 더 사람들에게 인정받기보다, 스스로 더 즐거워하는 일들을 선택하고 어려움을 헤쳐나가기를 바랐고, 난 매 순간 그런 따뜻함을 전해받을 때마다 표현할 수 없는 사랑을 느꼈다. 원하던 걸 못 이루어서 너무 슬프다고 엉엉 울면 엄마는 그걸 이루지 못한 걸 혼내거나 무조건 안쓰러워하기보다, 낙담해서 희망을 잃고 주저앉아 있으면 안 된다고 일으켜줬다. 그래서 나는 어쩌면 더 열심히 자신을 사랑하고 더 열심히 감사하면서 살아왔는지도 모른다. 너무 당연해서 깨닫기 힘든 사랑을 매일 넘치도록 주는 엄마에게, 나는 얼마나 많은 감사를 표현해야 할까.

엄마에게 진로나 일상에 대한 고민을 털어놓았을 때 엄마가 해주는 말들은 혼자 듣기엔 너무 아까울 정도로 따뜻하고 지혜로웠다. 그래서 가장 소중한 친구들에게 꼭 다시 이야기해주고 싶었다. 우리 엄마라서가 아니라, 다양한 경험과 긍정적인 생각을 가진 50대 여성의 삶의 지혜를 함께 공유하고 싶었다. 그래서 엄마가 이번에 내는 책이 너무 기대되고 또 응원하고 싶다. 가장 자주 하는 말이 '정말 다행인 게 뭐냐면 말야'인 믿기 어려울 정도로 긍정적인 우리 엄마의, 여든 살을 바라보는 친구부터 스페인에 있는 20대 조카까지 진심으로 사랑하고 대할 줄 아는 따뜻한 우리 엄마의, 경험과 이야기를 더 많은 사람이 듣는다면 더 많은 사람이 희망과 용기를 얻을 수 있을 것이라고 생각한다.

만약 내가 엄마와 혈연관계가 아니라 사적으로 알게 되었다면, 엄마는 내 생애 가장 친한 친구였을 거다. 나이 차이가 난다면 양엄마가 되어달라고 졸랐을지도 모른다. 김밥의 김을 안 드시고 회덮밥의 회를 안 드시고 떡국의 떡을 안 드시는 우리 엄마가, "인경이 와쪄염. 뿌우우우~"라고 말하는 우리 엄마가, 내 엄마라 좋다. 그리고 그런 엄마의 책에 내가 이렇게나마 글을 쓸 수 있어서 참 행복하고 영광스럽다.

아, 지친다

1
MONDAY

우리 모두
오늘이 익숙지 않다

"엄마, 요즘 너무 힘들어. 어제 울적해서 대학교 때 쓴 일기장을 봤는데 그때도 힘들다, 괴롭다고 써 있더라구. 이젠 나도 어엿한 사회인인데 왜 아직 모든 게 서툴고, 이렇게 힘든 일이 많은지 모르겠어."

네가 데친 시금치처럼 풀죽은 얼굴로 이렇게 말했지. 이것저것 생각하고 결정해야 할 일이 많은데 잘 안 풀린 날이었을 거야.

반백년을 넘게 산 어른이자 직장 생활 30년이 가까운 나는 네게 좀 성숙하고 어른스러운 답과 위로를 해줘야겠지만 진솔하게 이렇게 고백할 수밖에 없구나.

"나도 매일매일 힘들단다."

이 나이에도 모르는 것투성이고, 여전히 실수를 저지르고, 상사에게 야단을 맞거나, 다른 사람의 실망 어린 눈빛을 확인할 때도 있고, 항상 돌아서서 "아뿔싸!" "어떡해!" "아, 왜 그랬을까"라고 구시렁거리며 한숨을 쉰다.

나도 어릴 때는 어른이 되면, 더구나 마흔 살이 되면 불혹의 경지에 이를 줄 알았다. 그 어떤 유혹에도 흔들리지 않고 우아한 태도로 삶을 완벽히 조율하며 즐길 줄 알았다. 오십이 넘으면 지천명, 즉 하늘의 뜻을 알아 지혜롭고 세상 모든 일을 관조할 수 있을 줄 알았다. 어두운 거리마다 다 아름다운 가로등이 밝혀져 있어 안심하고 걸어갈 수 있을 거라고 생각했다.

그런데 그게 아니더구나. 나이의 숫자가 늘어난다고 그만큼 성숙해지고 지혜로워지는 것은 아닌 것 같다. 적어도 나는 그렇더라.

더욱 한심한 것은 일상에서 어제 저지른 실수를 오늘도 되풀이하고, 수십 년을 함께 살아온 네 아빠나 친구와 동료들에 대해서도 아직 모르는 것투성이라 날마다 깜짝 놀라고 상처받는다는 거다. 이러다 철들자 망령이 나는 건 아닐까 두렵다.

하지만 항상 모든 것을 자신에게 유리하게 생각하는 데 우주 챔피언급인 나는 그런 상황을 당연하게 받아들이기로 했다. 내가 몇 살을 살았든 새로 맞이한 오늘은 처음 살아보는 날이기 때문에 모든 게 어색하고 실수할 수 있다고 말이다.

난 55년을 살아왔지만 55세로 살아보는 것은 처음이니 당연히 처음 펼쳐본 책이나 처음 가본 여행지처럼 낯설고 잘 몰라서 사소한 일에도 힘들 수밖에 없다고 생각한다. 유인경으로 55년 세월을 살아왔지만, 몇 년 전에 갑자기 쓸개 제거 수술을 받아 '쓸개 빠진 인간'인 데다, 흰머리가 나서 염색을 안 하면 백발마녀로 변하고, 오래 컴퓨터를 보면 눈이 시큼시큼해지는 유인경이 된 건 올해가 처음이라 내가 나 자신에게 날마다 놀라고 마음이 상한단다.

결혼한 지 28년째이긴 하지만 난 청년과 결혼했는데 환갑이 된 영감과 살아보는 것은 처음이니 네 아빠와 각종 불화를 겪는 게 당연하다고 본다. 풍치로 앞니가 흔들리고 배가 불록 나오고 술을 많이 마시면 밤새 소리를 지르는 영감과는 처음 살아보니 말이다.

딸인 너도 마찬가지다. 겨우 하나뿐인 딸이긴 하지만 20대 후반의 딸은 처음 키워보지 않니. 어릴 땐 너무 착하고 귀여워서 수시로 겨드랑이에 손을 넣어 "네 날개는 어디 있지?"란 말까지 했는데 점점 네가 천사가 아니라 확실히 인간임을 알게 된다. 고등학교 때까진 그저 대학입시를 위한 도움이나 건강 걱정만 해주면 됐는데 이제 사회인이 되고 해외생활까지 하는 딸은 여러 가지로 기쁨도 주지만 화도 돋운다는 걸 알까. 내가 스마트폰 기능이나 다른 첨단 기기를 잘 못 다루면 한심하다는 눈빛을 보내고, 아직도 20대인 주제에 내 앞에서 "이제 나도 늙어가나 봐"라며 피부과 치료를 당당히 요구할 땐 당황스럽다.

직장 생활도 그렇단다. 아무리 대리, 과장, 차장, 부장, 국장 등 직급이 높아지고 연륜이 쌓여도 여전히 새로 문제가 발생하고 환경이 달라지고 시장 판도가 변해 하루하루가 학습의 장이 된다. 똑같은 업무를 반복한다고 해도 후배나 상사가 바뀌기도 하고 혹은 사무실에서 책상이라도 바뀌기 때문에 똑같은 날은 없다.

만약 내가 다시 서른 살로 돌아간다면 아마도 한 번 본 영화를 다시 보는 것처럼 스토리를 아니까 엉뚱한 실수를 저지르거나 사소한 일로 고민하며 끙끙거리진 않을지도 모르겠다. 그런데 과연 그럴까. 다시 들춰본 책도 전에 읽은 것과 다른 느낌이 들고, 두 번째 보는 영화도 안 본 장면이 많이 당혹스러울 때가 있잖니.

그러니 나이 들어서도 여전히 사는 것이 힘들고, 매사 미숙하다고 해서 자책할 이유가 없다. 어제 저지른 실수를 똑같이 반복했다면 반성해야 하지만, 계속 나타나는 새로운 과제물을 잘 해결하지 못한다고 스스로 비난할 이유는 없단다.

"내가 왜 이럴까?" "나는 정말 바보인가 봐"라고 자신을 야단치고 나무라고 한심해하지 말고 "뭐 어때, 난 이런 일이 처음이고 오늘은 처음 살아보는 날인데"라고 말하며 툴툴 털어버려라. 때론 자신에게 관대해지는 뻔뻔함도 필요하다. 네가 널 변호하고 다독거리지 않으면 누가 널 이해하고 보호해주겠니. 인간은 원래 불완전한 존재이고 항상 처음 경험하는 날을 맞이하기에 익숙하지 않은 게 당연한 거라고 생각하렴.

앞으로 난 더 늙어갈 테고, 넌 결혼해서 아이도 낳겠지. 할머니가 되어서도 난 처음 손자를 키워보니까 실수를 할 텐데 그때 제발 이 엄마를 비난하지 않았으면 좋겠다. 할머니로 사는 건 처음이라 그런 거니 말이다.

  마지막으로 칠순이 넘은 마종기 시인의 〈익숙지 않다〉란 시를 네게도 권해본다.

그렇다 나는 아직
세상을 어떻게 살아야 하는지
익숙지 않다

가난한 마음이란 어떤 삶인지
따뜻한 삶이란 무슨 뜻인지
나는 모두 익숙지 않다

어느 빈 땅에 벗고 나서야
세상의 만사가 환히 보이고
웃고 포기하는 일이 편해질까

외로움과 사이좋게 지내는 법

"엄마, 너무 외로워. 오늘은 다른 사람이랑 한 마디도 안 했어. 어젠 빵집에서 '바게트 빵 하나 주세요'란 말을 한 게 전부야. 그렇다고 길거리에 나가서 아무나한테 말을 걸 수도 없고……."

혼자 파리에서 대학원 생활을 하는 넌 파리지엔느의 행복감에 가슴이 저리다면서도 낯설고 물선 그곳에서 외로울 때면 이런 전화를 걸어온다. 그곳 시간으론 새벽 2, 3시일 때가 많지.

이웃 동네에 사는 거라면 당장 달려가겠지만 그럴 수도 없고, 주변에 친구라도 많으면 찾아가 재미있게 해주라고 할 테지만 그것도 불가능해 나도 덩달아 가슴이 시리다.

하지만 딸아. 그 외로움을 억지로 물리치려고 하거나, 너무 고통스럽게 받아들이지 마라. 네가 왕따를 당했거나 은둔형 외톨이 성격이어서 생긴 외로움이 아니라 낯선 외국에서 혼자 생활하기 때문이고, 그것도 잠시 동안의 감정이니까 그저 널 찾아온 손님이나 또 다른 친구처럼 여겨보렴.

넌 무남독녀 외동딸에다 나와 아빠가 모두 바빠서 혼자 보내는 외로운 시간이 많았지. 특히 한때 내가 아침 방송 진행을 맡고 아빠가 외국에 장기간 가 있었을 땐 혼자 일어나 아침을 챙겨 먹고 학교 가는 날도 많았고. 그래도 우울해하거나 자폐증에 걸리지 않고 더 밝고 건강하게 자랐잖니(난 그렇게 믿고 싶다). 그리고 일기 쓰기, 산책하기, 혼잣말 중얼거리기, 인터넷 서핑 등등 혼자서도 정말 잘 놀고 말이다. 덕분에 상상력이 풍부해지고 글 솜씨가 뛰어나다는 평을 듣는데, 다 외로움을 잘 견뎌낸 덕분이지 않을까.

외로움은 인간이라면 누구에게나 찾아오는 감정이다. 그 절대적인 혼자만의 시간을 어떻게 잘 보내는가에 따라 삶의 질도 달라진다고 생각한다. 외로운 순간, 모처럼 자신을 마주 보며 그동안 남에게 신경 쓰느라 혹은 남의 시선에 맞추느라 제대로 보지 못했던 진정한 자아를 만날 수도 있고 혹은 툴툴 털고 일어나 책을 읽거나 일기를 쓰거나 음악을 들으면서 외로움을 잠시 무시할 수도 있다.

참으로 유머러스하면서도 감동적인 엘리자베스 길버트의《먹고 기도하고 사랑하라》란 책에는 이런 문장이 나온단다.

그냥 외로워해. 외로움과 사이좋게 지내는 법을 배워. 외로움의 지도를 만들어. 평생 처음으로 외로움과 나란히 앉아봐. 인간적 경험의 새로운 세계로 들어온 것을 환영해. 하지만 채워지지 않을 네 갈망을 해소하기 위해 다른 사람의 몸이나 감정을 이용하는 일은 하지 마.

엄마는 외로움과 사이좋게 지내는 법을 배우란 말에 공감한다. 불청객으로 여겨 쫓아 보내거나, 두려운 대상이라며 회피하기보다는 그냥 자신을 외롭게 내버려두는 것이 낫단다. 외롭다는 걸 인정하고, 오히려 우리를 괴롭히는 수많은 이들의 시선과 간섭에서 벗어난 것에 감사해야 하는 것이지.

정말 혼자 있어서 외로움과 정면으로 마주할 때 우리는 가장 진실할 수 있지 않을까.

남들에게 보여주기 위한 위선이나 가증스러운 모습이 아니고, 약하지만 사랑해줘야 할 대상으로서의 나, 그리고 여태 잘 버티고 살아낸 대견한 자신을 칭찬해줄 수 있는 시간도 그런 외로운 시간이 주는 축복 아닐까.

밖에선 하루에 수십 명을 만나고 집에 돌아오면 가족과 세상에서 제일 예쁜 강아지가 나를 반기는데도, 나 또한 자주 외롭단다.

평소엔 만나자는 사람도 많고, 밥 먹자는 이들도 수두룩해서 약속을 잡느라 바쁘지만 정작 외로울 때는 전화를 걸어서 내 마음을 전하고 위로받을 대상을 찾기가 너무 힘들다. 중년의 아줌마가, 그것도 바쁘다고 소문난 사람이 갑자기 전화 걸어서 "나 외로워요. 차 한잔 할래요?"라고 하면 당장 달려오기보다는 영화 〈미저리〉의 여주인공의 협박전화를 받은 듯 공포에 떨 이들이 더 많지 않겠니.

한 전문직 여성은 외로운 순간을 참 지혜롭게 해결하는 것 같더라. 그 여성은 외로울 때면 자기 자동차에서 음악을 듣거나 책을 읽거나 소리소리 지르며 욕을 하거나 때론 펑펑 울기도 한단다. 때론 너무 주변 사람들에게 시달릴 때 자동차 안에 들어가 스스로를 격리시키고 혼자 외로운 시간을 즐긴다고 한다.

"혼자 운전을 하면서 미운 사람에게 '너 나한테 한 번만 더 까불면 죽여버릴 거야'라고 욕을 하기도 하고, 가끔은 나한테 '잘하고 있어. 조금만 힘내!'라고 칭찬을 해주기도 해요. 그러다 괜히 감정이 복받쳐 눈물이 나면 아무도 안 보니까 실컷 울어요. 눈물 콧물 범벅이 되고 어린애가 엄마 앞에서 울듯 엉엉 울고 나면 몸과 마음이 개운하고 힘이 나요."

그런데 외롭다고 술을 마시거나, 남들에게 위로해달라며 의지하기 시작하면 그냥 미숙아로 나이 들어버린단다. 그리고 외롭다고 우리 감성과 이성이 무력해질 때 누굴 사귀면 꼭 후회하게 되지. 애인과 결별한 후 외로움을 못 견디고 갑자기 나타난 난해한 이성을 만나서 더 힘들어하는 경우도 많다. 너무 순정을 다해 사랑한 사람을 잊기 위해 부질없는 하룻밤 성관계로 자신을 자학하는 젊은 여성들의 이야기도 들었다. 분명히 나중엔 후회할 거다. 아, 내가 그때 미쳤었나 봐 하면서.

특히 여자들 중엔 혼자 밥을 먹거나 혼자 차 마시는 걸 못 견뎌하는 사람들이 많은 것 같다. 자신이 어색해서가 아니라 남들이 자신을 사회생활이나 인간관계에 문제가 있는 것처럼 볼까 봐 그렇다. 퇴근 후에도 집에 들어가기 싫어 어떻게 해서든 약속을 만들고 사람들을 불러 모으는 이들은 또 얼마나 많은지.

물론 인간관계가 풍성해지는 것은 좋고 시시껄렁한 수다에서도 배울 것이 많지만, 그저 혼자 있는 것이 두려워 사람들과 어울리는 것은 문제가 있다.

모든 예술가들의 훌륭한 작품은 그들이 사랑하는 사람 곁에서 너무 행복해서, 혹은 화려한 파티를 하고 난 후 즐거워서 탄생하지 않았다. 죽을 만큼 절절히 피부 세포 하나하나에 외로움이 처절하게 새겨질 때 시를 쓰고 그림을 그리고 작곡을 했지. 그리고 과학자들 역시 남들이 다 잠들거나 놀러 나간 외로운 연구실에서 절대 고독과 마주 하며 위대한 발명과 발견을 해냈고.

파스칼이《팡세》에서 말했듯 인간의 불행은 빈 방에서 혼자 성찰하는 시간을 갖지 않아서 생기는 거란다. 딸아. 외로움 속에서 다른 사람이 아닌 네 자신을 만나고 발견하는 시간을 많이 갖길 바란다.

우리를 찾아온 외로움은 자신을 더 발전시키고 성숙시키기 위해서 방문한 아주 고마운 친구라고 생각하면 된다. 인생에 대해, 친구에 대해 더 깊게 생각하고 더 고마워하도록 우리를 자극하는 그 외로움을 보내지 말고 그대로 즐겨보렴.

너도 언젠가 나이 들었을 때, 남편과 자식들이 주변을 둘러싸고 이것저것 요구할 때 파리에서 보낸 그 외로운 밤들을 그리워할 거다.

고통이건 외로움이건 피할 수 없으면 즐겨라.

인생은 원래 불공평한 것이다

딸아. 네가 꼬이지 않은 원만한 성격으로, 그리고 행복지수가 높은 인간으로 살려면 머리와 가슴에 새겨둘 말이 있다.
'인생은 불공평하다'는 것이다.

대한민국은 민주공화국, 평등국가라고 한다. 하지만 그 평등은 모든 인간이 똑같은 행복과 기회를 향유한다는 의미가 아니다. 평등국가란 말은 맞지. 오로지 아파트 '평'수(재산)와 학교 '등'수(성적)에 따라 인격이 평가받는 나라이니 말이다.

부모와 하늘을 원망하며 우울증에 시달리지 않고 잘 살려면 인생은 불공평하다는 만고의 진리를 담담하게 받아들여야 한다. 사람은 누구나 평등하고, 세상은 공정하다는 건 그저 듣기 좋고 아름다운 말일 뿐이다. 겸허하게 불평등한 인생을 받아들이고, 행복은 옵션이고 불행이 기본이란 걸 받아들여야 평화와 진정한 발전이 온다고 생각한다.

자기이해 전문가이며 심리치료사인 리처드 칼슨은 이렇게 말하더구나.

인생은 공정하다는 생각이 자신을 불행하게 만든다. 지금 이 순간에도 수많은 생명이 탄생하는데 누구는 평생 연금이 보장된 스웨덴에서, 또 누구는 태어나자마자 풍토병이나 기아로 죽을지도 모르는 소말리아에서 태어난다. 그렇다고 스웨덴의 연금을 소말리아에 공평하게 나눠줄 수는 없는 일이다.

어디 국적뿐일까. 똑같은 대한민국에서 태어났어도 누구는 눈을 떠 보니 재벌 집안의 상속녀이고, 누구는 지지리도 가난해 병원비도 못 낼 형편이다. 또 누구는 부모가 우월한 유전자를 줘서 높은 지능에 명랑한 성격, 그리고 체격도 좋은데 또 다른 누구는 커다란 머리에 숏다리, 그리고 각종 암 유전인자만 물려주는 부모를 만났다. 인생이 공평하다는 말은 거짓말이지.

인간의 탄생만 아니라 성장 과정도 공평하진 않다. 좋은 친구들과 훌륭한 선생님을 만나고 일찍 재능을 인정받는 사람도 있고, 주변 환경이 너무 열악해서 아무리 노력하고 고운 심성으로 살려고 해도 수시로 인생에 천둥과 번개가 내리치는 이들도 많다. 또 소풍이나 행사에서 행운권을 추첨할 때도 자주 당첨되는 이들이 있고 번번이 '꽝!'인 사람도 있다.

그러니 우리 부모는 왜 이런 사람들일까, 왜 난 엄마를 닮아 주의 산만할까, 왜 아빠는 돈을 많이 벌지 못해 돈 걱정을 하게 할까, 왜 난 되는 일이 없을까 등등 부모와 자신을 원망하느라 인생을 허비하면 안 된다. 그런 원망은 자신을 더더욱 불행하게 만들 뿐이란다.

인생은 똑같은 선에서 함께 출발하는 100미터 달리기가 아니다. 끝없이 이어지는 릴레이 경기다. 먼저 뛴 선수(부모)가 늦게 바톤 터치해서 다른 선수에 비해 출발이 늦어지기도 한다. 그러나 내가 어떤 속도로 얼마나 질주하느냐에 따라 역전의 기회가 있는 릴레이 경기처럼 인생 역시 주어진 유전자나 타고난 환경에 상관없이 나의 노력으로 막판 뒤집기를 할 수 있기에 오묘한 것이지. 즉 내가 경기 종목 선택은 못 해도 얼마나 열심히 살 수 있는가는 모두 나의 몫이란 말이다.

세계적인 기업 '내쇼날'의 창업자 마쓰시타 고노스케는 인생의 불공평을 담담하게 인정해서 그 열등감으로 부자가 되고 94세까지 장수해 일본 경영의 신으로 존경받았다. 그는 성공 비결을 묻는 기자들에게 이렇게 털어놓았다고 한다.

"저는 집안이 가난했기에 악착같이 돈을 벌 생각을 했습니다. 어릴 때부터 병약했기에 늘 몸을 돌봤고, 일을 혼자 다 하지 않고 실력 있는 전문가들에게 나눠 하게 했지요. 집안 형편이 어려워 초등학교도 4년 밖에 못 다녔답니다. 그래서 늘 공부하고 많이 배운 분들께 겸손하게 배우려고 노력했습니다."

똑같이 술 마시고 폭력적인 아버지를 둔 형제라도 어떤 사람은 '난 절대 아버지처럼 엉망으로 살진 않을 거야'라며 열심히 공부해 인생을 개척하고 또 다른 형제는 '내가 보고 배운 게 그거밖에 더 있어?'라며 아버지를 흉내 낸다. 빌 클린턴은 무섭고 폭력적인 양아버지 밑에서 자랐다. 그는 양아버지를 증오하거나 가출하지 않고 그 사람에게도 사랑받기 위해 부지런히 노력한 결과, 누구든 그를 직접 만나면 그의 매력에 풍덩 빠지는 성격을 갖게 되었고 미국 대통령에까지 이르렀다. 물론 그 매력이 너무 넘쳐 바람둥이가 되긴 했지만.

그런데 참 오묘한 것은 그 불공평을, 말도 안 되는 불공정 사회를 스스로의 힘으로 이겨내고 뭔가 바꾸려고 노력하는 사람이 결국은 최후의 승리자가 되더구나. '메리 케이'란 화장품회사의 창업자인 메리 케이는 아이를 키우면서도 정말 부지런히 일하고 세일즈에서 탁월한 실적을 올렸는데도 매번 남성들에게 영광을 빼앗기고 승진도 제대로 되지 않았다고 한다. 하지만 그런 불합리한 조직이나 시스템을 원망하기보다는 '여성들이 가장 일하기 좋은 직장, 아이를 낳아 키우면서도 마음 편하게 일할 수 있는 직장, 능력과 실적에 따라 인정받는 직장을 내가 직접 만들자'란 각오로 회사를 만들었다. 그 회사에서는 다른 지방으로 옮겨도 같은 일을 할 수 있고, 재택근무를 하거나 근무 시간을 자신에게 맞게 조정할 수 있고, 가장 탁월한 실적을 내면 핑크색의 고급

자동차와 다이아몬드 반지를 선물해 자부심을 갖게 했다. 메리 케이는 세상을 떠났어도 그 회사는 존재하고 수십만 명의 여성들이 그녀 덕분에 일과 가정을 양립하며 성공의 기쁨을 누릴 수 있었지.

어쩜 불공평함이 우리를 분발하게 하는 가장 큰 원동력인지도 모른단다. 너도 불공평한 인생을 네 힘으로 역전시키는 통쾌함, 그걸 꼭 맛보길 바란다.

사표를 내는 모습이 멋지려면

요즘 네 친구들 가운데 사표를 쓰는 이들이 많더구나. 사표를 아직 쓰진 않았지만 쓰고 싶어 죽겠는 친구들은 더욱 많겠지.

한 번도 사표를 생각하지 않은 직장인이 있을까. 정년을 코앞에 둔 지금도 나는 마음속으로는 수시로 사표를 쓴단다. 사실 이젠 사표를 내도 회사 측에서 말리기는커녕 "늦었지만 감사합니다"라고 할 것 같지만.

조직원이나 종업원으로 살다 보면 억장이 무너지는 순간이 많아 수시로 '이깟 회사, 때려치울 거야'란 욱한 마음에 사표를 썼다가 마땅히 다른 대안도 없고 모든 게 시들해져 찢어버리길 반복한다. 아무리 근무 환경이 좋아 신이 내린 직장, 아니 신도 모르는 직장에 근무하는 이들도, 연봉이 높고 동료들과 호흡이 잘 맞아도 불쑥 '이게 천직일까?'란 생각이 들어 사표를 쓰고 싶을 때가 있다.

특히 대부분의 직장 여성은 가슴 한 구석에 늘 사표를 품고 사는 거 같다. 아직도 남성들보다는 직장에서 불이익을 많이 겪고 비합리적인 상황에 많이 처하기 때문이기도 하고, 혹은 사표를 내도 결혼만 하면 그만이라거나, 기혼자의 경우 살림만 하면 된다는 나름 믿는 구석이 있기 때문이다.

구세대인 내 또래는 처음 들어간 직장에 뼈를 묻어야 한다고 생각했단다. 어지간한 구박과 갈등에도 불구하고 사표를 던지지 않았고 타이타닉호처럼 회사가 침몰해도 같이 빠져 죽는 것이 의리라고 여겼다. 그래서 정년퇴직하는 걸 가장 아름다운 마무리로 여겼다. 하지만 이젠 사표를 쓰는 것이 절대 의리 없거나 조직에 대한 배신행위도 아니다. 심지어 회사에서는 직원들이 알아서 떠나주길 기대하기도 한다.

외국계 회사에서 인정받는 커리어우먼이었지만 과감히 떨치고 나와 오지여행가 겸 구호전문가가 된 한비야 씨, 항공사 승무원 생활을 그만두고 국내 최고의 헤드헌터회사 대표로 자리 잡은 유순신 씨 등을 보면 퇴직을 앞둔 이 나이에도 사표를 던지고 싶은 유혹을 느낀단다. 한국에서 직장에 다니다 외국의 자연 속으로 들어가 유유자적하며 사는 이들을 보면 속세를 떠나고 싶어지기도 해.

대한민국에서 가장 탁월한 방송인 중 한 명인 이금희 씨는 탄탄한 직장이자 최고의 직업인 KBS 아나운서직을 그만뒀다. 한국 여성들이 가장 선망하는 아나운서란 직업에 꼬박꼬박 들어오는 고정급에 국영방송의 간부직을 그만두는 이유를 물었을 때 그는 "방송은 참 매력적이고 너무 사랑하는데 아나운서실 간부가 되어 후배들에게 방송 배정을 하는 업무를 감당할 자신이 없다"라고 했어. 결국 그는 방송국을 떠나 프리랜서를 선언했고 여전히 잘나가지. 수입도 몇 배나 늘었고. 프리랜서의 자유가 부럽지만 부정기적으로 들어올 일이 두렵다고 하자 그는 이렇게 말했단다.

"처음엔 혼자 바다에 떠 있는 듯 막막했어요. 다행히 아나운서 시절에 맡았던 프로그램은 계속 맡았지만 방송이 끝나면 앉아 있을 자리가 없더군요. 차에서 혼자 김밥을 먹기도 하고, 앞날도 불투명하고……. 하지만 하루 종일 회사에 묶여 눈치 보는 것보다는 너무 자유롭고 행복하고 제 자신에게 충실할 수 있어 좋아요. 그만큼 더 방송도 열심히 하게 되고요. 바닥을 한 번 치고 나면 두려움도 사라져요. 일에 대한 확고한 열정만 있다면 뭐든 할 수 있어요."

대기업에서 승승장구하던 한 여성은 최근 회사를 그만뒀다. 간부직 제안을 받았고 다른 회사에서도 스카우트 제의가 들어왔지만 사표를 던지고 전업주부 생활을 시작했어.

"명함을 내밀면 다들 부러워하고, 일도 적성에 맞았어요. 하지만 너무 해외출장이 많고 야근이 많아 도저히 가정생활과 양립하기 힘들었어요. 아이는 과잉행동장애로 주의산만하다는 이야기를 듣고, 가사도

우미가 돌보는 집안은 엉성하고, 어쩌다 시간이 나면 그저 자고만 싶고……. 물론 열심히 일하면 승진은 보장됩니다. 하지만 그건 절대 제가 바라는 삶이 아니에요. 제 건강과 가족을 위해 직장을 그만뒀어요. 이 선택이 나중에 덜 후회될 것 같아서요. 당분간 주부로 지내다가 다른 길을 찾으려고 해요. 현재 아주 만족스러워요."

물론 모두가 이 여성처럼 직장을 그만두고 평화를 찾거나 이금희 씨처럼 조직을 나와 성공하는 것은 아니다. 또 무조건 꿍하고 회사에서 버티는 것 역시 미덕이 아니다. 효율을 중시하는 이익집단인 회사는 어떻게든 유휴인력이나 잉여사원을 내보내려 하니까.

취업 포털 잡코리아가 남녀직장인 1,230명을 대상으로 '직장 내에서 퇴직 신호 Fire Signs'를 언제 느끼는지에 대해 조사한 결과를 살펴보면, 상사가 업무 관련 지시를 번복하거나, 진행 중인 업무를 갑자기 취소하는 등 '삽질'을 시킬 때가 24.3퍼센트로 가장 많았다. 다음으로 근소한 차이로 나에게 폭언을 일삼거나 뒤에서 험담할 때, 감당할 수 없을 분량의 일을 줄 때, 중요한 프로젝트에서 항상 빼놓을 때, 회사의 중역들 앞에서 공개적으로 망신 줄 때, 나만 빼고 점심 먹으러 가거나 술자리 잡을 때 등의 순이었다.

이들을 대상으로 직장 생활 중 '사표를 던지고 싶게 만드는 요인'에 대해 질문한 결과, '회사 내에서 나의 미래가 불투명할 때 사표를 쓰고 싶다'란 대답이 가장 많았다고 한다. 다음으로 나의 업무 능력이 무시당할 때, 쥐꼬리만 한 월급, 상사의 끊임없는 참견과 잔소리, 끝이 보이지 않는 무한반복 야근, 매일 같이 반복되는 지루한 업무, 나보다 잘나가는 입사동기, 지옥 같은 출근길 전쟁 등의 순이고.

그러고 보면 회사에서 자신의 가치가 존중받는가의 여부가 가장 중요한 것 같다. 너도 공감하니?

그렇다면 사표를 내기 전에 꼭 해야 할 일들에 대해 미리 체크해보면 어떨까.

첫째, 사표를 내기 전에 퇴직 후 준비가 되어 있어야 한다. 일자리를 어느 정도 알아봐두고 사표를 내는 것이 좋다. 지금의 회사를 그만두고 어느 정도 쉬다가 다른 일자리를 구한다는 생각은 버려야 한다. 일단 회사를 관두기로 마음먹었다면 그다음에 무엇을 할 것인가에 대한 구체적인 답을 가지고 있어야 한다.

둘째, 자신의 평판은 꾸준히 관리해야 한다. 사표를 쓰고 퇴사를 하더라도 마지막까지 '유종의 미'를 거두는 것이 중요하다. 특히 추후 이직 시 '레퍼리 체크 Referee Check'라고 해서 이전 직장으로 전화를 걸어 업무 태도나 성향, 평판을 조회하는 회사도 많다.

셋째, 자신의 경력을 생각해보자. 자기 분야에서 최소한 3년 이상의 경력을 쌓은 뒤에라야 유리한 조건으로 이직을 성사시킬 수 있다. 어중간한 경력자의 경우 경쟁력을 인정받기 어렵기 때문이다. 사표를 쓰기 전 자신의 경력을 체크해보자.

넷째, 퇴직금 여부와 수급방법에 대해 알아두자. 1년 이상 근무하면 현재 회사에서 퇴직금을 받을 수 있다. 따라서 지금 회사에서 자신의 직장경력이 1년이 다 되어 간다면 조금만 더 일하면서 퇴직을 준비하는 것이 좋다. 특히 퇴직금 책정은 어느 달에 그만두느냐에 따라서도 차이가 나는 경우도 있으니, 현 회사의 퇴직금정책 여부를 미리 알아두도록 한다.

다섯째, 마지막 순간까지 발설하지 말아야 한다. 자신이 사표를 쓸 것이라는 사실을 소문내는 사람은 경솔함 그 자체다. 더구나 이직이 확정된 상태가 아니라면 더더욱 그렇다. 이직에 혹 차질이 생겼을 때 현재의 직장에서 줏대 없는 사람으로 찍히기만 한다. 마지막 순간까지 조용히 준비해야 한다.

인생은 길다. 앞으로는 대부분 100세를 산다고 하지 않니. 그 기나긴 시간을 생각할 때 적성에 안 맞고 비전도 없는데 억지로 한 직장에 올인할 이유는 없다. 하지만 냉정히 생각해보면 사표를 쓰고 싶어질 때는 조직이나 동료가 아니라 자신이 원인 제공자일 때가 많다. 내가 게으르고, 내가 열등감을 느끼고, 내가 인내심이 부족하면서도 정작 화살을 밖으로 둔 건 아닌지 판단해봐야 한단다.

사표란 억울한 누명을 쓰고, 혹은 참다 참다 못해 쓰는 원한과 저주의 문서가 되어서는 안 돼. 더 높이, 더 멋지게 도약하고 비상하기 위해 던지는 자유의 열쇠가 되어야 하지. 그러기 위해서는 앞에서도 강조했듯 자신을 누구나 탐내고 어느 시장에서도 호응을 얻을 수 있는 근사한 상품으로 만들어야 한단다. 그게 아니라면 비굴하지만 가늘고 길게 회사에서 연명할 수 있는 낮은 자세라도 익히든지.

너의 하루는 어떻게 흘러가니

외국계 회사의 여직원들을 대상으로 강의를 한 적이 있다. 강의를 마친 후에 물어보고 싶은 것이 있으면 질문을 하라고 하니, 가장 많이 쏟아지는 질문이 '가정과 직장 생활을 어떻게 양립하고, 평소 시간관리를 어떻게 하느냐'는 것이었다. 알파걸로 불리고 그 똑똑하고 당당한 신세대 여성들도 가장 커다란 고민 중 하나가 여전히 가정과 직장 생활에서의 양립이나 시간관리라는 게 참 신기하면서도 당연하게 느껴지더구나.

누구에게나 하루는 24시간이다. 한 살짜리 아기에게도, 아흔 살 어르신도 하루는 공평하게 24시간이다. 하지만 그 하루 24시간, 1440분을 어떻게 사용하느냐에 따라 하루가 다양해지고 삶의 질 자체가 달라지는 것 같다.

같은 대학생이라도 어떤 학생은 학점 관리도 잘하고 자원봉사도 하고 자격증도 따고 각종 공모전에도 도전하고 아르바이트로 돈을 벌기도 한다. 반면 어떤 학생들은 공부도 대충하고 항상 빈둥거리며 이것저것 시작만 하다가 끝마무리를 못하고 세월 탓, 남의 탓만 한다.

직장 생활도 마찬가지다. 어떤 이는 직장에 다니면서 계속 공부해 학위를 따기도 하고 동아리 활동에 열성적으로 참여하는가 하면 블로그나 페이스북으로 자기 세상을 알리기까지 하는 이들도 있다. 반면 어떤 이들은 근무 시간에도 태만하고 늘 불평만 하면서 직장을 옮길까, 다시 전공을 바꿔 대학에 들어갈까 고민만 하거나 넉넉지 못한 집안이며 시시한 학벌을 원망하며 팔자타령만 한다.

너도 어느 날은 시간가는 줄 모르고 행복하게 하루가 저무는 것을 아쉬워하기도 하고, 어느 날은 1분이 한 시간처럼 너무 느릿느릿 지루하게 흐르고 허무하게 흘러가서 자책을 하기도 할게다. 하루는 똑같은 시간이라도 네가 어떻게 그 하루를 채워 가는가에 따라 다르지 않던?

몇 해 전에 미국 하버드대학교에서 "당신의 인생은 성공적인가"란 내용의 설문조사를 했다고 한다. 이 질문에 겨우 3퍼센트만이 "매우 만족한다"라고 대답했는데 "매우 만족한다"라고 대답한 사람들에게서 주목할 만한 공통점이 나타났다. 이들 모두가 구체적인 목표를 세위 메모하고 그것을 바탕으로 일하는 습관을 지니고 있다는 거다. 삶에 만족한 사람들은 대부분 시간관리에 성공해 자신의 일에서도 성취를 이룬 사람들이라는 것이 공통점이었다. 또 성공한 이들은 시간에 이끌려 다니는 것이 아니라 시간을 자유자재로 활용한다는 거다.

 시간을 효율적으로 관리하는 데 가장 중요한 것은 마음가짐인 것 같다. 시간은 과학적으로 정확하게 측정할 수 있는 단위이지만 그 시간을 어떻게 활용하고 어떻게 받아들이냐에 따라 전혀 다른 느낌과 가치로 변화하기 때문이다. 내가 다스리고 관리하기에 따라 엄청나게 길게, 혹은 아주 짧게 쓰이고 또 같은 시간 안에 담을 수 있는 내용도 천차만별이다.

 같은 과제를 똑같은 시간에 해내라고 했을 때 '시간이 부족해'라는 부정적인 생각을 하는 대신 '이 시간이면 충분히 할 수 있어' '난 허둥대지 않아' 등의 긍정적 자기암시를 하는 것이 훨씬 효과적이란다. 남은 시간이 별로 없다고 생각하는 것만으로도 초조하고 불안해져 제대로 일을 할 수가 없다. 그다음은 오늘 처리해야 할 일을 메모한 후 계획표대로 처리하는 것도 중요하다. 스티븐 코비는 중요한 일부터 우선순위를 갖고 하라고 했지만 중요도가 우열을 가리기 힘들 경우엔 약속된 시간의 순서대로 하나씩 처리하면 된다.

 넌 항상 이 엄마가 너무 이것저것 많이 하고 하루를 너무 산만하게 보낸다고 하지. 그래도 무사히(?) 살아가는 것은 나름의 시간관리법이 있는 게 아니겠니.

내 경우 신문사 일 외에 방송에도 출연하고, 인터뷰를 하러 가기도 하고, 행사에도 참여해야 하고, 가족 모임이나 친구와의 만남은 물론 처리해야 할 개인적인 일이 많아 때론 하루에 6, 7가지의 약속이 있다.

나도 처음엔 A란 사람과 인터뷰를 하면서도 다음에 만날 B란 사람과의 약속시간에 늦을까 걱정되어 눈은 A를 보면서 머리엔 B 생각을 해서 집중도 안 되고 예정시간이 초과되면 마구 초조하고 불안해졌다. 내 눈동자가 자꾸 산만해지는 것을 확인한 A는 당연히 기분 나빠했지. 하지만 이젠 A를 만날 때는 A가 이 지구상에서 가장 멋진 사람이고 이 사람과의 시간이 제일 소중한 듯 몰입한단다. 어쩌다 B와의 약속에 늦을 경우에도 발을 동동 구르기보다는 전화로 늦겠다고 양해를 구하거나 서로 상의해서 미루면 된다. 하나의 일에 최선을 다해 집중할 때 다른 일에 대한 불안감이 사라져 훨씬 효과적이고 스트레스도 사라지더구나. 만약 정말 중요한 약속인데 앞의 일정이 길어진다면 그 일을 중단하고서라도 달려가야 하고.

전엔 수첩에 빼곡하게 적힌 일정표만 보고서도 가슴이 답답할 때가 많았지만 이젠 그냥 학교 수업시간표에 따라 강의실을 찾아가듯 정해진 순서에 따라 하나씩 처리하고 지워간단다. 그날 스케줄을 차질 없이 다 해내면 몸은 피곤해도 참 뿌듯해. 또 운전을 못해서 택시나 지하철 등 대중교통을 이용하는데 차에서 주로 책을 읽지. 그리고 사람들을 기다릴 때도 책을 읽고 있으면 기다리는 시간이 전혀 지루하지 않고 늦게 온 사람에게 짜증을 부릴 일도 없으니 성격 좋다는 말도 듣고 일거양득 아닌가 싶다.

내가 관찰해보니 시간관리를 잘하는 이들의 공통점 중 하나는 몰입과 집중력 외에 자투리 시간을 잘 활용한다는 것이다. 홍보회사를 운영하는 한 여성은 정말 엄청나게 많은 일을 하고 사교모임도 많은데 항상 여유만만하고 늘 유쾌하더라. 비결을 물었더니 이렇게 말했어.

"엘리베이터를 탈 때나 계단을 오를 때는 좋아하는 노래를 흥얼거리며 가사를 외거나 남들을 위한 축복기도를 드려요. 5분 정도 시간이 비면 아이들이나 친구에게 문자메시지로 안부를 전하죠. 30분 정도 시간이 나면 내가 좋아하는 인터넷 사이트에 들어가 서핑을 하거나 패션잡지를 봐요. 트렌드를 알아야 촌스럽다는 이야기를 안 들으니까요. 한 시간의 여유가 주어지면 책방에 가서 책을 사고 두 시간 이상 시간이 나면 영화를 보거나 손톱 손질을 받죠. 미리 계획한 게 아니라 갑자기 약속이 취소되거나 일정이 바뀌었을 때 약속이 깨졌다고 화를 내거나 빈 시간 동안 멍하게 있는 것보다 나를 위한 즐거운 시간을 선물하는 겁니다. 그러고 나면 아무리 오랜 시간, 힘든 일을 해도 지치지 않는답니다."

시골의사로 유명한 박경철 원장은 한 때 방송진행, 증권분석, 강의, 저술 등으로 하루를 48시간처럼 쓰는데 전혀 피곤해하지 않는다고 한다. 비결을 물으니 이렇게 말하더구나.

"시간을 직선으로 생각하지 않고 아코디언처럼 늘였다 줄였다 활용하면 됩니다. 저도 멍청히 있는 시간이 있지만 자투리 시간을 잘 활용하고 놀다가 일해야 할 때는 놀랄 만큼 집중하기에 이런저런 일을 하는 것 같습니다."

어떤 이에게 시간은 그저 대나무로 만든 일직선 자이지만 박경철 원장에게는 자신의 의지에 따라 자유자재로 줄이고 늘이는 아코디언인 것이지.

우리는 흔히 제대로 일을 처리하지 못했거나 약속을 어겨놓고는 '시간이 없어서'란 핑계를 댄다. 하지만 살아 있는 사람에겐 누구나 똑같은 시간이 주어지지 않니. 그 시간을 내 것으로 만들어 근사하게 요리하는 것, 그리고 시간의 노예가 아니라 시간의 주인이 되는 것은 모두 우리 마음먹기에 달려 있다. 하루를 잘 보내면 밤에 보람차게 편히 잠들고, 그런 하루하루가 모여 우리의 인생을 만들어 가는 거야. 하루를 충실하게 보낸 이들이 나중에 죽음 앞에서도 만족스럽게 미소 지을 수 있단다. 절대로 네게 주어진 멋진 선물인 하루를 허무하게 흘려보내진 마렴.

> **하루에 3시간이라도 집중하기**

인생에서 두 가지는 공평합니다. 태어나고 죽는 것. 어느 철학자가 '인생은 원인의 철학도, 결과의 철학도 아니다. 경과의 철학이다'라고 말했지요. 그 경과 속에는 재능이 아니라 노력이 들어 있어요. 저는 최선을 다함으로써 내 인생을 내 뜻대로 엮어갈 수 있다는 신념으로 살았습니다. 그래서 제 인생이 황홀하다고 느껴요.

대하소설 작가 조정래 선생이 한 인터뷰에서 한 말이란다. 조정래 선생은 1983년 원고지 1만 6천 5백 장 분량인 《태백산맥》을 〈현대문학〉에 연재하기 시작해 6년 후 완결하셨어. 그는 다시 1990년 대하소설《아리랑》연재를 시작해 1995년 총 2만 장의 집필을 완료하셨고, 이어 1998년부터 다시 10권짜리《한강》의 집필에 들어가 2002년에 끝내셨다고 한다. 그리고 2013년 펴낸《정글만리》는 3권짜리 장편소설이잖니. 선생은 출퇴근 시간이 있는 직장인이 아닌데도 45여 년을 하루도 빠짐없이 날마다 8시간씩 원고지 30장 분량의 소설을 써왔고 그 생활을 '황홀한 글감옥'이라고 표현하셨다고 한다.

내가 가장 부러워하고 존경하는 작가 시오노 나나미는 15년 동안 해마다 1권 씩《로마인 이야기》를 써냈단다. 15권인 '로마 세계의 종언'까지 원고지 분량만 2만 1천 장이다. 풋풋한 20대에 시작한 게 아니라 50대 중반부터 시작해 일흔이 다 돼 작업을 끝낸 것이 더 대단하지. 세상과 주변을 불평하며 늙어가는 할머니들이 수두룩한데 그는 서양판 삼국지로 비교되는《로마인 이야기》만이 아니라 소설과 에세이 등 숱한 작품을 남기며 멋진 노후를 만끽하고 있어. 그는 매일 오전엔 고대 로마에 대한 공부를 하거나 자료를 찾고 오후엔 21세기의 일상생활을 즐긴다고 한다.

성공과 업적을 거둔 인물을 보면 사람들은 그의 타고난 재능을 먼저 떠올리지. 전생에 나라를 구했다는 둥 부모님의 우월한 유전자를 물려받았다는 둥 축복투성이인 이들의 놀라운 재능과 결과에 집중한 나머지 정작 그 뒤에 숨은 인내와 노력을 간과하는 것 같다.

세계적 거장인 피카소를 봐라. 나는 유치원생이 그린 것 같은 유치

찬란한 그림을 수십 억 원에 팔아먹고 명성도 얻은 그가 부러워 배가 아팠는데, 바르셀로나의 피카소 박물관을 다녀온 후 곧바로 반성했단다. 그는 청년시절엔 좋은 그림을 흉내 내기도 하면서 쉬지 않고 수만 장의 그림을 그려 마침내 피카소풍의 그림을 완성했다. 또 엄청난 여성편력으로 소문났지만 실상은 아무리 아름다운 여성과 함께 있어도 점심을 먹고 밤까지는 항상 혼자 그림을 그렸단다. 그의 성공은 이처럼 한결같은 노력과 연습 덕분인 것이지.

주변 사람들에게 읽어보라고 강조하는 미국 저널리스트 말콤 글래드웰의《아웃라이어》엔 자세한 사례들이 소개되어 있어. 글래드웰은 세계적으로 성공한 사람들에게서 발견되는 공통점이 '꾸준한 연습의 효과'라고 강조한다. 우리들이 천재 음악밴드라고만 여겼던 비틀스의 명성은 재능보다는 오랫동안 숨겨진 노력과 인내의 시간 덕분인 거야.

영국 시골 출신의 비틀스는 무명시절에 독일 함부르크의 열악한 클럽에서 매일 밤 8시간 동안 연주를 했다. 클럽 무대에서 긴 시간 연주를 이어 나가기 위해 비틀스는 평소 연주하지 않았던 여러 가지 음악과 새로운 연주 방법을 시도할 수밖에 없었어. 이런 식으로 매주 7일씩 총 4년간 1,200여 회 공연을 계속하며 독일에서 보낸 힘든 시간이 오히려 비틀스를 다른 밴드들과 차별화하고 세계적인 뮤지션으로 만든 용광로 구실을 한 것이다.

글래드웰은 세계적인 리더로 성장하는 데는 '1만 시간의 법칙'이 있다면서〈뉴욕타임스〉칼럼니스트인 데이비드 브룩스가 제시한 천재에 대한 새로운 견해를 소개했단다. 신동 모차르트가 일찍 음악가로 성공한 것도, 타이거 우즈가 젊은 골프 황제로 등극하게 된 것도 1만 시간의 법칙 덕분이란 분석이다. 이들은 남들보다 이른 시기에 1만 시간의 노력을 시작했기 때문에 유난히 일찍 성공할 수 있었지. 성공한 리더는 재능보다 끊임없는 노력 속에서 탄생하며, 지속적인 노력을 통해 자신도 모르는 숨겨진 재능이 발휘되는 것이란다.

보통 사람들도 누구나 1만 시간의 노력을 기울인다면 미처 발견하지 못한 재능을 개발할 수 있다고 생각해. 1만 시간의 노력은 날마다 3시간, 일주일에 20시간씩 10년 동안 꾸준히 한 가지 일에 투자하는 것이지. 만약 하루에 10시간씩 한다면 3년이면 목표를 이루게 된다. 집중적으로 고시공부를 하는 친구들은 대개 3년 정도 투자를 하지 않니.

천재만이 아니라 남보다 뭔가 월등한 목표를 이룬 이들을 보면 공짜는 없다는 진리를 확인하게 되는 것 같아. 사돈 할머니는 팔순인데도 너무 피부가 곱고 흰머리가 거의 없으셔. 그 비결을 여쭤보니 20여 년 전부터 매일 검은콩과 깨를 잡수신 데다 수영을 꾸준히 하셨다고 한다. 나도 흰머리 예방에 검은콩이 좋다기에 부지런히 사다가 몇 번 볶아보긴 했는데 사흘만 먹어도 질려서 그만두었거든. 미국에 사는 지인은 몇 년 전까지만 해도 어깨가 아프다며 서울에만 오면 침을 맞고 마사지를 받기 바빴는데 지난해 왔을 때는 거의 나았다고 하더라. 요가를 2년 동안 꾸준히 했더니 자세가 교정되어 어깨 통증도 사라졌대. 팔랑개비인 나 역시 요가를 배워보긴 했는데 그것도 서너 번 가다가 그만두었지. 내 어깨는 여전히 쑤시고 아프다.

물론 무조건 하염없이 한다고 어떤 경지에 이르는 건 아니란다. 그리고 전혀 재능이나 열정도 없는데 그저 시간만 채운다고 성공하는 것도 아니고. 막연히 남들 보기에 좋은 것이나 내가 바라는 것을 선택하는 것보다 현실적인 한계를 정확하게 분석해 이를 넘어서는 전략 수립이 중요한 것이지. 특히 엉덩이가 무겁고 체력조건이 좋은 남성들에 비해 여성들은 시간으로 버티기엔 한계가 있다고 해. 하지만 그 한계를 극복하는 힘은 열정과 집중력이 아닐까.

자신이 원하는 성과가 나오지 않았다고, 부모가 좋은 유전자와 유복한 환경을 만들어주지 않았다고, 세상이 불공평하다고 투덜대지 말고 '난 지금 1만 시간의 열정을 불태우고 있나'라고 스스로에게 물어보렴. 아무리 아이큐가 높고 반짝반짝 순발력이 뛰어나도 날마다 뭔가를 꾸준히, 지속적으로 하는 사람을 이기기란 어렵잖니.
  '1만 시간이라니 말이 쉽지, 날마다 3시간씩 10년을 해야 한다고? 생각만 해도 지겨워.'
  흔히 이런 생각을 하기 쉽다. 하지만 한 분야를 마스터하기 위해 열심히 노력하건, 막장 드라마를 보거나 인터넷 서핑을 하며 보내건 시간은 흘러가기 마련이야. 그 시간의 강물에서 열심히 노를 저으면 멋진 곳에 도달하지만 강가에 앉아 멀뚱거리는 이들은 언제나 강가에서 한숨만 쉬며 세월을 탓할 것이다. 넌 어떤 삶의 주인공이고 싶니?

오늘을 기록하는 사람은 내일이 다르다

엄마가 얼마나 레오나르도 다빈치를 존경하는지는 잘 알지? 얼마 전 독일의 학술 저널리스트 슈테판 클라인이 쓴 《다빈치의 인문공부》란 책을 읽고 나서 다시 한 번 다빈치의 천재성에 감동했단다.

우리는 레오나르도 다빈치를 〈모나리자〉나 〈최후의 만찬〉을 그린 르네상스의 대표적 화가, 혹은 비행기의 선구자 등 다양한 칭호로 기억하지만 그가 천재란 사실은 모두가 인정한다. 프로이트도 그를 "남들이 다 잠들어 있을 때 어둠 속에서 너무 일찍 깨어버린 사람"이라고 표현했지.

그런데 다빈치가 세계인들에게 천재로 인정받는 이유는 그의 탁월한 작품 때문만이 아니야. 그는 죽기 직전까지 자신의 생각과 상상력을 메모지에 기록하고 스케치를 해두었단다. 거기에 덧붙여 프란체스코 멜치란 그의 성실한 제자가 그 기록들을 소중히 보관해 더더욱 확실하게 입증할 수 있지.

신의 계시를 받듯 척척 그림을 그린 것이 아니라 끝없는 상상력과 연구, 무수한 실험을 거친 천재이자 노력가인 그의 면모를 제대로 알 수 있다.

미국에서 가장 존경받는 대통령인 에이브러햄 링컨 대통령도 쓰고 다니는 중절모 속에 종이와 연필을 넣어두고 언제든지 기록할 수 있게 준비를 했다고 한다.

우리가 아득한 옛 역사를 21세기에도 알 수 있는 것은 사관을 비롯한 보통 사람들이 곳곳에다 살뜰하게 기록해두었기 때문이 아닐까. 안네 프랑크의 일기로 우리는 당시 나치의 잔혹한 유태인 압박과 학살의 아픔을 생생하게 느낄 수 있지 않니.

우리나라도 그렇다. 이순신 장군의 《난중일기》는 그의 일상만 담은 게 아니라 전략집이기도 했어. 감옥에서 풀려나 백의종군했던 이순신 장군은 1597년 6월 4일에 지금의 율곡면 영전교 부근 천 길 낭떠러지 좁은 절벽 길을 지나와 그날 《난중일기》에 '개벼루 길을 타고 오는데, 기암절벽은 천 길이나 되고, 강물은 굽이굽이 깊으며, 길은 험하고 위태롭다. 만일 이같이 험한 곳을 눌러 지킨다면, 1만 명이라도 지나가기가 어렵겠다'라고 적었단다. 이 개벼루 기록이 결국 명량해전의 전략을 만들어냈지. 명량해협의 좁은 지형과 빠른 물살을 이용하여 이순신 장군은 13척의 배로 일자진을 펼치며 왜적의 133척을 대적한 것이란다.

예전에 너에게 줬던 볼펜이 있는데 기억나는지 모르겠다. 꾹 누르면 불이 들어와 어둠 속에서도 글을 쓸 수 있는 볼펜 말이다. 영화나 공연 담당 기자들은 늘 그런 볼펜을 들고 다니면서 영화를 보면서 느낀 점, 지적해야 할 점, 의문점 등을 적어두었다가 기사로 쓴단다. 아무리 기억력이 좋아도 매 순간 떠오른 생각들을 다 되짚어 기억하기는 어려우니까.

오지여행 전문가이자 구호활동가인 한비야 씨도 자전 에세이 《그건 사랑이었네》에서 이렇게 말하더구나.

직접 보고 듣고 느끼고 생각한 것을 잘 기록하는 것이 중요하다. 난 또렷한 기억보다 희미한 연필 자국이 낫다고 확신하는 사람이다. 기록이란 감성의 카메라와 같다.

일기와 메모는 자신의 생각, 자신과의 대화를 글로 쓰는 정신적 활동이다. 그리고 자신에게 닥칠 위험과 억울한 일로부터 구해주는 역할도 한다. 종이 수첩이나 노트, 혹은 스마트폰의 메모장 기능에라도 네게 필요한 일을 기록해두는 습관을 가지렴.

엄마 친구는 친정어머니가 갑자기 돌아가셨는데 (생전에) 빌려준 돈을 꼼꼼하게 적어두셔서 나중에 꽤 많은 돈을 채무자들에게 받았다고 하더라. 또 직장에서 성희롱을 당했을 때도 감정적으로 대처하기보다 상대가 한 행동을 기록해두어야 객관적인 증거로 활용할 수 있을 거야.

　학교 선생님이나 직장 상사들에게 사랑받는 가장 쉬운 방법도 그 앞에서 열심히 노트 정리를 하고 메모장에 받아 적는 것이란다. 직장에서 상사가 불렀을 때 그냥 가기보다 노트와 볼펜이라도 들고 가면 그만큼 상사의 말을 존중하고 들을 자세가 되어 있는 것으로 보인다.

　대한민국에서 가장 강의를 많이 다니던 명강사 고故 최윤희 선생을 보면서도 기록의 중요성을 실감했다. 그분은 보통 사람들이 모인 자리에서 절대 말을 잘 하지 않았다. 그저 남들이 말하면 고개를 끄덕여 맞장구 쳐주고 제일 크게 웃어주는 등 방청객 같은 리액션을 보내다가 누군가 적절한 비유나 재미있는 말, 감명 깊은 에피소드 등을 들려주면 가방에서 수첩을 꺼내 조용히 적었다. 그래서 막상 강의를 시작하면 자신이 보고 들은 이야기들을 재미있게 들려줘 청중들에게 인기를 얻었지.

　21세기는 창의성과 아이디어의 시대다. 거리를 걷다가, 친구와 수다를 떨다가, 하늘을 보다가 떠오른 생각들을 수첩에 기록해서 발명품을 만들기도 하고 작곡이나 작사를 하기도 하고 아름다운 예술작품의 모티프로 삼기도 한다. 말은 곧 사라지지만 기록은 영원히 남는 거란다. 기록의 힘은 자신의 능력을 키우는 데 절대적이지.

정말 적자생존, 이제는 우월한 유전자의 인간들이 살아남는 시대가 아니라 잘 '적어' 기록해두는 습관을 가진 이들이 각 분야에서 살아남는 시대이다. 너도 언제 어디서든 너의 머릿속보다는 기록하는 너의 손끝을 믿길 바란다.

불평불만이 너의 발목을 잡는다

"아유, XX 짜증나!"

지하철이나 길거리에서 만난 여학생들이 그 예쁜 입에서 거친 욕과 함께 이 말을 내뱉는 것을 보고 충격을 받은 적이 있다. 짜증난다는 말을 들으면 신기하게도 평화로운 마음에도 짜증이 제대로 솟구치는 것 같다. 말의 힘이 그렇게 무섭구나.

친구들 사이에서도 항상 징징거리고 짜증내고 불평불만을 일삼는 아이들은 결국 따돌림을 당하게 된다. 더구나 친목집단이 아닌 철저한 이익집단이고 위계질서가 강한 직장에서는 매사 투덜투덜거리는 투덜이들은 공공의 적이란다.

"꼭 워크숍에 참석해야 해요? 그런다고 업무 효율이 오르나 뭐?" "영업부에선 회식 때 꽃등심 먹었다는데 우리 부서는 겨우 삼겹살이에요?" "우리 회사 남자직원들은 너무 물이 안 좋아 내 시력만 저하되겠어. 내 친구 회사에 놀러갔더니 김수현, 이민호 같은 남자들이 가득하던데 우린 복도 없어."

입만 열면 사사건건 투덜투덜 불평불만을 늘어놓아 분위기를 펭귄들이 사는 남극처럼 썰렁하게 만드는 이들은 모두 남극으로 전근 보내고 싶더라. 회사 발전을 위해 문제점을 지적하거나 건설적인 개선안을 내놓으면 모르지만 대부분은 습관적으로 불평만 주절거릴 뿐 별 대책도 없다. 불만만 가득 차 있으니 당연히 업무성과도 낮고.

설상가상인 것은 투덜이 스머프들은 공주병까지 합병증인 경우가 많더라. "누가 나대신 이 짐 들어줄 사람? 난 연약하잖아용" "왜 남자들은 내 가슴만 보는 거야?" 등의 발언으로 동료들의 심신을 괴롭힌다.

물론 신입사원이라면 애교로 귀엽게 받아줄 만하지만 나이 들어서까지 이런 증세를 못 고치면 제대로 된 업무를 맡길 수 없단다. 업무를 맡기면 파악도 제대로 하지 않고 일이 너무 많다, 힘들다, 어렵다 등등 불평만 쏟아내는 장면이 이어지는데 상사가 이중고를 겪을 이유가 없잖니.

그런 이유로 주요 업무를 주지 않거나 자신이 원하지 않는 부서에 배치되면 갑자기 인권을 주장하며 "왜 나만 불이익을 당해야 하나요?"라고 따진다. 아무리 눈부시게 예쁜 외모라도 "왜 나한테 이런 걸

시켜요?" 등의 역장이 무너지게 하는 부하보다는 무조건 "제가 해보겠습니다"라고 말하는 듬직하고 성실한 부하가 더 예뻐 보인단다.

인간 본성에 대한 날카로운 통찰력으로 인간 경영과 자기계발 분야의 최고의 컨설턴트로 불리는 데일 카네기는 3C를 강조하더구나.

우선 Criticize, 비판하지 않기다. 사사건건 그게 잘못된 거다, 일처리를 그렇게 하면 안 된다, 그렇게 하면 큰일 난다, 발상이 촌스럽다 등등의 말로 대안 없이 비판만 일삼지 말라는 충고다. 우리는 함께 즐겁게 일할 동료가 필요하지 평론가를 필요로 하는 게 아니다. 그런데 옷차림부터 행동, 말, 계획 등에 시비 거는 사람들이 너무 많다. 하긴 나도 그렇지만.

다음은 Condemn, 비난하지 않기다. 수시로 주위 사람들에게 "네가 어떻게 그런 말을 하니?" "이 일을 망친 건 네 탓이다" "너 때문에 욕먹었다" "네 말을 듣고 실수했다" 등등 모든 잘못을 남에게 돌리고 사소한 일에도 비난의 화살을 퍼붓는 이들은 공공의 적이다. 너도 조금만 잘못되면 수시로 이 엄마 탓을 하지.

마지막은 Complain, 불평하지 않기다. 구시렁구시렁 온갖 것에 시비를 걸고 짜증부리고 투덜거리는 이들은 이산화탄소보다 더 심한 공해 같다.

만약 단 하루만이라도 화내지 않고 짜증내지 않고 불평을 늘어놓지 않으면 여러 명의 동지를 얻을 수 있고, 우리 마음이 변한 것만으로도 지옥 같은 주변이 꽃밭처럼 변한다. 입 밖으로 불평이 나오기 직전에 잠시 심호흡을 하고 '만약 내가 저 사람의 입장이라면?' '내가 저런 상황이라면?'이라고 역지사지의 사고를 해야 한다. 입장을 바꿔 생각해 보면 남들이 화를 내고 비난할 일이 많고, 네가 더 미숙하고 엉터리로 처리할 수 있었음을 알게 될 거다. 우리는 모두 완벽주의자도 성인군자도 아니지 않니.

30년 가까운 오랜 직장 생활을 통해 깨달은 것이 있다면 상사에겐 그 어떤 비난과 비판, 불평을 해도 소용이 없다는 거란다. 상사는 절대 내 마음 같지 않다. 심리학자 폴커 키츠도《말이 통하지 않는 상대를 움직이는 법》에서 이렇게 말하더구나.
 "반대 의견으로 상대를 설득하려 하면 할수록 당신은 상대의 입장을 바꾸겠다는 애초의 목표에서 점점 더 멀어질 것이다."
 전혀 상사의 말을 이해하지 못하겠고 진짜 잘못을 저지르지 않았다 해도, 또 때론 상사들의 감정적인 비난이나 발작성(?) 질책에 뜨거운 커피와 함께 사표를 던지고 싶을 때도 있겠지만 혀를 한번 깨물고 "알겠습니다"란 말을 하면 시간이 모든 걸 해결해줄 때가 많단다. 너의 의견은 나중에 기회를 봐서 다시 영리하게 피력하면 되는 거야. "그게 아니구요" "아이, 짜증나"란 말만 줄여도 인생의 걸림돌들은 많이 사라진다. 그건 이 엄마에게도 마찬가지란다.

긍정적인 기운이 퍼지는 말, '네'

인간은 결코 이성적인 존재가 아니다. 국립도서관에 보관된 책을 다 읽은 지식과 오랜 경륜을 통한 지성을 자랑한다 해도 결국 어떤 판단을 내릴 때는 다분히 감정적이고 감성적이 된다. 특히 후배들을 대할 때는 더욱 그렇단다. 물론 딸을 대할 때는 더더욱 이성보다는 감성이 지배하지.

우리 사회에서 제일 편견을 갖고 바라보는 것이 '예스맨'인 것 같다. 국무총리를 비롯해 기업체의 간부가 된 사람들은 입을 모아 "나는 예스맨이 아닙니다. 대통령이든 회장이든 할 말은 다 하고 아닌 것은 아니라고 하겠습니다"라는 말을 꼭 하더구나. 간단히 말해 그건 새빨간 거짓말이다. 그렇게 늘 직언만 하는 사람이었다면 일단 그 자리에 오르지 못했고 만일 그 자리에 올랐다 해도 'NO'만 하면 금방 쫓겨났을 게다.

"간지럽게 내 앞에서 아부를 하거나 무조건 예스를 하는 부하들을 경계해야 한다고 항상 다짐을 합니다. 입에 단것이 독약이기 쉬우니까요. 하지만 저도 인간인지라 제가 무슨 말을 하건 '맞습니다'라고 호응을 해주고 어떤 일을 시켜도 '네, 해보겠습니다'란 말을 하는 후배가 밉지 않아요. 밉기는커녕 예쁘고 사랑스럽다니까요."

대기업 간부, 그것도 엄청나게 고지식한 인상의 중년 아저씨가 이런 말을 했을 때 난 정말 '예스'의 위력을 실감했다.

세계적인 인사관리 전문가 신시아 샤피로도 자신의 경험을 바탕으로 쓴 《회사가 당신에게 알려주지 않는 50가지 비밀》에서 "권력자들은 순종하지 않는 자에게 냉정하다"라고 직설적으로 표현을 했단다. 샤피로는 상사에게 맞서는 것은 백전백패의 게임이라고 말하더구나. 상사는 회사의 편이라는 인정을 받고 그 자리에 올랐기 때문에 상사의 눈에 비친 부하의 모습이 곧 회사가 보는 것의 전부란 얘기다. 그 회사의 창업주나 현재 사장의 인품이 형편없다 해도 그 사람들에게, 혹은 그 회사의 정신에 예스를 했기에 그 자리에 올라선 이들은 자신들처럼 예스를 외칠 부하들을 원한단다.

물론 무조건 비굴하게 "네, 네"만 노래 부르란 것은 아니다.

법에 저촉되는 부정한 일을 지시할 때나, 사회 정의에 위반되는 음모를 꾸밀 때는 단호하게 "이건 아닌 것 같습니다"라고 말하고 그런 조직을 벗어나는 게 마땅하지. 미인계를 쓰라며 거래처 간부에게 술대접을 하라는 요구에 "좋아요, 제가 한 미모 하죠"라고 나설 이유는 없다. 하지만 사소한 의견 차이, 혹은 오해인데 그걸 받아들이지 못하고 "그건 아니죠" "전 못해요"라는 말만 앞세우는 것 역시 올바른 행동은 아니란 말을 하는 것이다.

예스맨을 다르게 보면 딸랑딸랑 방울을 울리는 아첨꾼이 아니라 매사에 긍정적이고 적극적인 직원이 아닐까. 어떤 일을 시켜도 "전에도 해봤는데 이틀 안에는 불가능합니다. 절대 안 됩니다"란 거절 대신에 "한번 해볼게요. 그런데 전에 했을 때는 이런저런 문제가 있었습니다" "정말 좋은 아이디어인데요. 이걸 이렇게 해보는 건 어떨까요"라고 부드럽게 에둘러 말하는 것이 필요하다.

사람은 누구나 비난받고 거절당하는 것에 가장 상처를 받는단다. 더구나 어린 후배에게 업무상 지시를 내렸는데 "대체 왜 이런 엉터리 일을 하란 겁니까?" "이러니까 우리 회사가 발전이 없는 겁니다"라고 자신의 의견을 공격하고 비난하면 일차적으로는 권위를 훼손당했다는 생각에 분노가 치미게 된다. 아무리 성숙한 인격의 소유자라고 해도 그렇다.

물론 말만 번지르르한 예스맨은 더욱 얄밉긴 하다. 앞에서는 "네, 네, 그럼요"라고 말해놓고 정작 뒤돌아서선 아무런 일도 하지 않는 좀비족은 대놓고 반대한 사람보다 민폐를 끼치지. 말만 아니라 행동과 실력을 보여야 한단다.

〈악마는 프라다를 입는다〉 영화를 기억해보렴. 거기서 주인공은 여왕마마같이 구는 편집장의 말도 안 되는 지시사항을 현명하게 받아들이지 않니. 때론 하녀처럼 굴욕적인 일도 마다하지 않고 '해리 포터' 시리즈의 신작도 출판사 간부를 통해 서점보다 먼저 받아내 편집장의 아이들 손에 쥐어주더라.

"악마, 마귀할멈. 내가 자기 몸종이야 뭐야. 내가 당장 회장에게 투서할 거야!"

이렇게 푸념을 늘어놓는 대신에 인맥을 동원해서라도 난해한 미션을 성공시켜 그 까다로운 '악마' 상사로부터 인정을 받았다. 그 덕분에 그 악마를 떠나 다른 회사에 입사 원서를 냈을 때도 악마는 비난하기는커녕 "아주 유능하고 훌륭한 직원"이란 추천을 해줬지 않니.

나도 비슷한 경험을 했단다. 엄청나게 마초이고 코드가 안 맞는 상사 밑에서 마음고생을 하다 인자하고 상냥한 상사를 만난 적이 있다. 그분의 능력과 인품을 떠나 '자상한' 태도만으로도 나는 충성심이 마구마구 솟구쳤지. 게다가 그분은 아주 작은 일에도 "이번 기사 잘 썼어" 등의 칭찬을 아끼지 않았다. 그래서 그 상사가 지시하는 일은 다소 무리가 있더라도 해냈어.

신문사의 경우 창간기념 특집호나 설 연휴 등의 명절 특집 때는 별도의 기사가 마구 쏟아지는데, 담당 업무 외에 떨어진 특집기사를 반가워할 기자는 드물지 않겠니. 약간 미안한 얼굴로 "어쩌지? 이번 특집에 우리 부서에서 두 개 면을 배당받았어"라는 그분의 말에 난 기꺼이 "제가 할게요"라고 말했다. 당시 난 여성생활면을 담당했는데 어차피 남자 기자들은 잘 모르는 분야여서 죽이 되건 누룽지가 되건 내가 맡을 수밖에 없었단다. 흔쾌히 "네, 할게요"라고 말한 내가 기특해 보였던지 그분은 주위 사람들에게 내 칭찬을 많이 해주셨더라. 그리고 지금도 가끔 안부 전화를 주시고.

내가 예스맨 역할을 한 것은 그분에 대한 존경심만이 아니었다. 만약 내가 상사라면 누군가 나처럼 "제가 할 테니 걱정 마세요"라고 나서줄 후배가 필요해서였다. 내가 그렇게 하면 자연 후배들도 나를 따라할 것이라고 믿었단다.

그리고 과부하가 걸릴 만큼 일을 맡아 하다 보면 그만큼 내가 성장한다는 장점도 있다. MBC 〈무한도전〉을 봐도 그렇다. 평균 이하의 남자들임을 주장하는 멤버들이 레슬링, 레이싱, 요리, 패션모델 등에 도전해 결국은 뭔가 이뤄냈지 않니.

상사에게 인정받기 위해서가 아니라, 어떻게든 조직에서 살아남기 위해서만이 아니라, 네 자신을 업그레이드하기 위해 '예스'라고 외쳐야 한다. 네 앞에 펼쳐진 인생에, 너를 향해 다가오는 행운들에.

왜 내가 이런 일을?

"우리 부서에서 여직원이 저 혼자뿐이어서인지 항상 커피 타는 일을 저한테 시켜요. 다른 동료의 손님이 왔을 때도 저보고 커피를 타달라고 하더군요. 너무 분하고 억울합니다. 이런 일 하려고 취직한 것도 아닌데 커피 타기를 거부할까요? 아님 직장을 포기할까요?"

한 직장 여성이 인터넷 상담 사이트에 이런 글을 올렸더라. 재미있는 건 선배 직장인들의 댓글이었어.

"그런 대접받고 직장을 다닐 필요 없다"라는 의견도 있지만 "만일 남자라면 왜 내가 커피를 타느냐고 불평하는 게 아니라 '내게 커피 타는 일을 맡길 만큼 날 신뢰하는구나'라고 생각할 거다"란 조언도 있었다. 대부분은 커피 타는 일만 하는 것이 아니니 참고 견디라는 의견들이어서 얼마나 취업이 어렵고 직장 다니기가 힘든지 알 것 같더구나.

사실 번듯한 직장에 취업한 여성들 중에 공주병 환자들이 많더라. 어릴 때부터 똑똑하고 예쁘다는 칭찬을 받고 자랐고 남자들처럼 군대 생활을 통해 위계질서를 익히거나 험한 세파에 찌들지도 않았지. 그런 공주님에게 마당쇠, 삼돌이 같은 이들이 자신의 신분을 망각하고 "어이, 커피 좀 타와!"라고 말하면 피가 솟구칠지도 모른다. 그러나 그 '커피 한 잔'의 관문을 통과하지 못하면 공주는 백수나 무수리로 전락하지만 정작 가당치 않은(?) 행동을 한 마당쇠와 삼돌이는 CEO 자리까지 오른단다.

수많은 고위직 여성들을 인터뷰하거나 만나면서 발견한 것은 그들은 자신이 그 어떤 전문성을 갖고 있어도 '커피'로 상징되는 아주 사소하고 시시한 일도 최선을 다했다는 것이다.

얼마 전 광고회사 오길비의 사장을 지냈고 현재 애플 코리아에서 일하는 김효선 씨를 만났다. 해외유학파도 아니고 광고전문가도 아니면서 20여 년간 직장 생활을 하고 세계적 회사의 임원으로 '버티는' 비결을 묻자 그는 곰곰 생각해보더니 이렇게 말하더라.

"전 야심 찬 계획을 세워 정진하는 스타일이 아니에요. 작은 일부터 정성을 다하자는 게 제 모토죠. 첫 직장에서 아침마다 부원들에게 커피를 직접 타줬어요. 나보다 나이 어린 여직원도 있었지만 늦게 입사해 직장 후배인 제가 기꺼이 커피를 탔죠. '내가 왜 이런 일을 해?'란 생각보다 '이 커피라도 내가 우리 회사에서 제일 맛있게 잘 타보자'라고 마음먹으니까 물의 온도는 물론 부원들의 기호까지 신경 쓰게 되더군요. 또 오후에도 티타임이 있었는데 오전에 커피를 몇 잔씩 마신 이들에겐 커피가 아니라 다른 음료수를 권했어요. '커피 많이 마시면 속 쓰리거나 잠이 안 올 수도 있으니 다른 차를 드세요'라고 말하면서요. 그러다 보니 상사나 동료에게 '배려심과 책임감이 강하다'라는 인정을 받게 된 거죠."

내가 인터뷰한 사람 가운데 깊은 감동을 받은 이가 있는데 바로 전성희 씨다. 지금은 칠순이 넘었지만 당시에도 68세였던 그는 대성그룹 김영대 회장의 비서로 활동하며 전국비서연합회 회장인데도 회사를 찾아오는 이들에게 기꺼이 커피를 타주더구나. 직무는 비서이지만 직급은 상무이사이고 전국 비서들의 대모인 그는 아무리 어린 손님이 와도 활짝 웃으며 커피 대접을 했다.

"비서가 커피 타는 것을 싫어하면 안 됩니다. 커피를 타는 것은 집에 온 손님을 정성껏 대접하는 그 이상입니다. 커피를 나르는 것도 회사의 이미지를 나르는 것과 같다고 봐야죠. 저는 처음 찾아온 손님은 커피에 프림과 설탕을 얼마나 넣는지 일일이 메모합니다. 그 손님이 다시 오면 알아서 커피를 내가는데 손님들도 감탄합니다. 제 커피를 마시러 일부러 찾아오시는 회장님 지인들도 계실 정도예요. 하찮은 일을 하찮지 않게 하는 것이 중요합니다."

전 회장은 4개 국어를 구사하고 외국 업체와의 협상도 담당하지만 아직도 비 오는 날에는 자신이 모시는 김 회장의 구두를 닦기도 한다. 자신의 작은 배려와 정성이 타인을 기쁘게 해주는 것이 행복해서다. 누군가 설탕 두 스푼에 크림 한 스푼 등의 취향을 파악했다가 "설탕 두 스푼이시죠?"라고 웃으며 전해주는데 그걸 싫어하거나 화를 낼 사람이 있을까. 반대로 절대 커피를 안 마시는데도 번번이 갈 때마다 무신경하게 커피를 내온다면 커피 심부름을 하는 사람은 물론 그 상사나 회사에 대한 이미지도 나빠질 거다.

언젠가 한 고위공직자와 인터뷰를 했다. 더운 여름날이었는데 여비서가 차가운 음료와 과일을 내왔다. 그리고 40~50분쯤 시간이 흘렀을 때 다시 들어오더니 "냉방이 잘 되어 좀 쌀쌀하시진 않나요? 따뜻한 차를 더 드릴까요?"라고 묻더구나. 평소 식탐이 많은 나는 너무나 즐겁게 "커피 주셔요!"라고 답했고 잠시 후 그 여비서는 커피와 맛있는 비스킷을 함께 내왔다. 난 그 염렵한 비서 덕분에 그 고위공직자에게까지 호감을 갖게 되었고 인터뷰도 즐겁게 마쳤단다.

흔히 커피(차 심부름), 카피(복사 심부름)를 허접한 일이라고 여기지만 그런 작고 사소한 일에도 애정을 갖고 최선을 다하는 것이 큰일을 잘할 수 있는 비결이다. 그리고 그건 절대 잡일이 아니라 타인에 대한 귀한 배려이다. 내가 조금만 몸을 움직이면 다른 이들이 행복하게 차를 마실 수 있고 편안하게 자료를 볼 수 있다는 걸 즐겁게 생각해야 한다.

귀찮고 시시하다고 생각하면 그 어떤 어머니가 가족들을 위해 살림을 하겠니. (물론 이 엄마의 살림 솜씨는 엉망이긴 하다만……) 청소, 빨래, 설거지 등 살림은 모두 눈에 띄는 효과는커녕 제자리에 원위치 시키는 단순노동이다. 또 콩나물무침 하나를 만들려 해도 콩나물을 다듬어 씻고 데치고 갖은 양념을 만들어 버무리는 과정을 거쳐야 하는데 결국 몇 번의 젓가락질로 허무하게 끝나버리지 않니. 그럼에도 그런 일을 하는 것은 사소한 일이 가장 위대한 사랑의 첫 단추이기 때문이란다.

《사소한 것에 목숨 걸지 마라》는 책은 있지만 그건 사소한 감정에 휩쓸리지 말라는 것이고, 일상에서의 사소한 일에는 목숨까지는 걸지 않더라도 최선을 다해야 한다. 너무 상식적인 이야기이긴 하지만 어차피 상식이 진리가 아니니. 세상은 상식이 지배한단다.

모욕을 웃어넘길 줄 아는 여유

"너무 할 일이 많아 혼란스럽고 미래는 불투명하기만 한데 대체 20대가 뭐가 가장 아름다운 시기라는 거야?"

입만 열면 "좋~을 때다"를 연발하는 내게 넌 이런 푸념을 하곤 하지. 맞다. 나도 타임머신을 타고 다시 20대 초반으로 돌아가라고 하면 다시 가고 싶진 않다. 진로 결정도 해야 하고 결혼도 해야 하고 온통 결정할 일만 가득한데 누구 하나 똑 부러진 조언을 해주는 이들도 없고 혼자 끙끙거리던 고뇌의 시절로 다시 갈 생각은 없다. 물론 20대 시절의 팽팽하고 뽀얀 피부와 날렵한 허리 라인(그랬던 걸로 믿고 싶다) 등 젊음은 되찾고 싶지만……

 내가 네게 '좋은 나이'라고 말한 것은 젊고 예쁜 미모에 무한한 가능성이 있어서가 아니란다. 사회인이 되고 나이가 들수록 늘어나는 수모나 모욕감을 느끼지 않아도 되는 시기, 가장 우리 사회로부터 보호받는 평화로운 시기이기 때문이지.

 막상 사회에 나오면 직장이나 직업의 타이틀, 봉급이 주어지지만 무한 책임과 더불어 감내해야 할 모멸감도 늘어난단다. 일을 제대로 처리하지 못했을 때, 그리고 이상한 인간들을 만났을 때, 단지 여자란 이유만으로 겪어야 하는 성희롱 등은 수능 공부처럼 선행학습으로 해결될 일도 아니고 예방주사를 맞는다고 극복할 수 있는 것도 아니다.
 난 지금도 수시로 모욕감을 느낄 때가 많아. 회사 생활에서 겪는 각종 모욕감은 물론 어쩌다 토론 프로에 나갔을 때 자기와 의견이 다르다는 이유로 육두문자로 전화를 걸거나 고발하면 바로 감옥에 갈 정도의 섬뜩한 내용의 협박 메일을 보내는 이들도 있거든. 그리고 절친한 친구로부터 무시하는 듯한 말을 들었을 때, 친분도 별로 없는 이가 반말을 하며 친분을 과시할 때 등등 끝도 없지.
 그런데 알고 보니 나는 '기자'란 직업 덕분에 직장 안팎에서 별로 모욕을 받고 산 편이 아니더구나. 다른 직장에서는 일을 제때 처리 못했다고 상사가 부하에게 뺨을 때리거나 물건을 집어던지는 사례도 있고, 서비스를 제대로 하지 않았다고 손님이 종업원에게 쌍욕을 퍼붓기도 하고, 툭하면 인터넷에 저주에 가까운 악플을 다는 이들은 또 얼마나 많은지…….

어찌 보면 우리가 우리의 재능과 열정의 대가라고 믿는 봉급 역시 70퍼센트는 우리가 이를 악물고 견뎌낸 모멸감에 대한 보상일지도 모르겠다.

일반인만 모욕을 당하는 건 아니다. 인터넷에 정치인이나 인기 스타들의 이상한 사진을 담은 '굴욕 시리즈'도 인기이고 성직자들 역시 모욕으로부터 대피할 능력은 없는 것 같다. 다만 모욕을 당했을 때 그걸 어떻게 받아들이느냐에 따라 우리 삶도 달라지고 우리 꿈이 좌절되는 것도 막을 수 있는 것 같다.

파울로 코엘료의 수필집 《흐르는 강물처럼》에는 다음과 같은 이야기가 나온단다.

어떤 사람이 20달러짜리 지폐를 마구 구기고 짓밟고 다시 밟고 난 후에 사람들에게 이렇게 말한다.

"내가 이 돈에 무슨 짓을 했든 그건 상관없습니다. 이것은 여전히 20달러 지폐이니까요. 우리도 살면서 이렇게 자주 구겨지고 짓밟히고 부당한 대우를 받고 모욕을 당합니다. 그러나 그 모든 것들에도 불구하고 우리의 가치는 변함없습니다."

아무리 짓밟아도 20달러가 1달러나 5달러로 변하지 않듯, 우리 역시 모욕을 당한다고 하찮은 사람으로 전락하는 게 아니며, 남들의 언어 폭력과 무례함에 짓밟혀도 키나 몸무게가 줄어들거나 다시 재기할 능력이 사라지는 것은 아니다. 우리의 가치, 우리의 행복을 남들이 규정할 수는 없다.

하지만 아무리 강한 자의식을 갖고 있어도 수시로 등장하는 이상한 사람들을 피하기는 힘들다. 살다 보면 성선설이 아니라 성악설이 맞다는 생각이 들 만큼 사악한 인간들도 있고, 왜 정신병자가 병원에 안 있고 버젓이 대로를 활보하고 바로 내 곁에 있는지 어이없어지는 성격 이상자들도 만나게 된다.

나도 직장 생활 초기에 좀 난해한 상사를 만난 적이 있다. 회사에 일찍 출근하면 "어제 남편이랑 싸웠나? 왜 이렇게 일찍 집에서 나왔어?"라고 하고 조금 늦으면 "직장이 놀이터인 줄 알아? 이렇게 늦게 나오게"라고 했었지. 또 일을 좀 많이 하면 "혼자 다 말아먹는 건가?"라고 하고, 좀 일을 덜 하면 "이렇게 일을 안 하고도 월급 받을 자격 있어?"라고 트집을 잡았다. 또 시시콜콜 간섭도 심하고 조금만 기사를 잘못 써도 "기본이 안 되어 있네" "손으로 쓴 거냐 발로 쓴 거냐" 등등 야단을 치고……. 정말 그때는 당장 사표를 써서 그 상사 얼굴에 집어던지고 회사를 뛰쳐나오고 싶은 순간도 있었다. 밤마다 꿈에서 그 사람을 보고 "그렇게 살면 안 되지. 이 인간아"라고 야단을 치다가 아침에 깨면 혹시 내 꿈 내용을 그 사람이 알까 봐 걱정스럽기도 하고, 뜨거운 커피를 얼굴에 엎질러줄까, 엿을 사다 책상 위에 올려놓을까 등등 별생각을 다 했다. 다행인지 불행인지 그분은 나한테만 그런 태도를 보이는 게 아니라 다른 직원들에게도 똑같이 해서 공공의 적이기도 했지.

그런데도 사표를 안 쓴 이유는 딸, 너 때문이었다. 아이를 먹여 살리기 위해 온갖 수모를 이겨내야 해서가 아니다. 어린 딸을 잘 돌보지도 못하고 직장에 나왔는데 단 한 사람과의 갈등과 모욕 때문에 금방 실망하고 좌절해서 포기한다면 앞으로 어떤 어려움도 이겨내지 못할 것 같았기 때문이다. 내가 꿋꿋하게 버티면 그분은 나이가 나보다 훨씬 많으니 먼저 회사를 떠날 테고, 난 그 사람보다 더 높은 직위에 오르는 것이 최고의 복수라고 생각했다. 아니나 다를까 그분은 얼마 후 곧 직장을 떠나셨다. 그리고 떠나기 전에 내가 아주 잘해드려 나와의 관계도 좋아졌지.

난 그때 철학자 쇼펜하우어의 이런 말이 떠올랐단다.

어떤 야비한 일을 당하더라도 그것 때문에 괴로워하거나 고민하지 마라. 단지 아는 것이 하나 더 늘었다고 생각하라. 즉 인간성을 연구하는 데 필요한 자료라고 생각하라. 이상한 광물 표본 하나를 우연히 발견한 광물학자의 태도를 닮아야 한다.

만약 누군가가 열 받게 만들면 '내가 세 번째 발견한 광물 표본이구나'라고 생각하면 된다. 똑같은 사람이 매번 모욕을 주면 새로 발견한 난해한 동물의 또 다른 특성을 발견한 거라고 생각하고.

유명한 작사가인 양인자 선생은 주변에서 자신을 괴롭히는 사람을 만날 때마다 자신의 믿음과 인성을 실험하기 위해 부처님이 다른 얼굴로 나타나신 거라고 생각한다고 한다. 그래서 그 사람이 심술을 부리고 욕을 해서 속이 뒤집어질 때마다 상대방에게 화를 내고 신경질을 내는 게 아니라 "어머, 부처님! 또 절 찾아오셨군요. 나무관세음보살"

이라고 한다는 것이다.

　악마의 얼굴을 하고 와도 내가 그걸 악마의 가면이고 속엔 부처님의 미소가 있다고 믿으면 두렵거나 화를 낼 이유가 없지 않겠니.

　또 어떤 사람이 독사과를 주어도 그걸 덥석 받지 않으면 그건 내 것이 아니라 여전히 그 사람의 것이다. 그 사람이 내게 모욕을 주어도 내가 그걸 모욕이라고 받아들이지 않으면 그것은 모욕을 준 사람의 것이다. 스토아학파의 철학을 현대에 맞게 재해석한 《직언》이란 책에 나온 글을 읽고 나는 아주 큰 위안을 받았단다.

　만약 누가 당신을 모욕하면 이렇게 생각하라. 당신은 날 모욕할 권리가 있지만, 난 그 모욕을 거부할 권리도 있다고.

　곰곰 생각해보자. 우리가 나와 친한 이들, 혹은 전혀 상관없는 사람들에 대해 이야기할 때 덕담과 칭찬보다는 흉이나 비난을 더 자주 하지 않니. 우리 역시 아무 생각 없이 "그 사람 이상해" "걔 좀 모자란 것 같아" "한심한 인간이군" 등의 말을 하지 않는지 생각해봐야 해. 특히 나는 참 많이 남 흉을 봐서 너한테 욕을 먹는다만…….

　그러니 남들도 우리에게 별 의미 없이 모욕적인 말을 던지는데 우리가 너무 예민하게 받아들이기도 하는 거야. 생각 없이 말을 내뱉는 저렴한 인간들의 모욕은 웃어넘길 여유가 있어야 한단다. 가장 중요한 것은 네가 승리하고 살아남는 것이기 때문이지.

상사의 잔소리에 대처하는 법

딸아, 넌 나의 아주아주 드문 잔소리에도 짜증을 내지. 하지만 사회생활은 잔소리의 바다란다.

각종 설문조사를 살펴보면 신입사원들이 가장 속상하고 열 받는 순간은 '상사에게 근거 없는 비난이나 잔소리를 들을 때'가 항상 1, 2위를 차지한다.

취업전문기관인 인크루트가 조사한 '마음에 비수를 꽂은 상사의 말 베스트 5'를 보자. "그거 하나도 제대로 할 능력이 안 돼?" "네가 하는 일이 뭐가 있어?" "그 따위로 할 거면 회사 때려치워!" "아직 그것도 못해? 경력이 아깝다" "시키는 대로 하지 왜 말이 많아?" 등이라고 한다.
　이런 직장 상사의 비난이나 잔소리를 들을 때 행복하거나 전혀 스트레스를 안 받는다면 그것 역시 비정상이겠지. 아무리 신경줄이 무딘 사람이라고 해도 업무상의 큰 실수가 아니라 "왜 복사할 때 이면지를 쓰라고 했는데 새 종이만 쓰냐? 네 돈 아니면 펑펑 써도 되냐?" "옷차림이 그게 뭐냐?" 등의 비아냥거리는 잔소리를 들으면 뇌에선 이미 부신피질 호르몬이 쭉쭉 분비된단다.

　언젠가 한 잡지 기자와 차를 마시는데 표정이 어두워 보이더구나. 이유를 물어보니 오전에 편집장이 자기에게 신경질을 부렸기 때문이란다. 자기가 잘못한 사안이 아니라 시스템의 문제이고, 자기 생각엔 정작 사장에게 항의하고 건의할 일을 부하인 자기에게 화풀이를 하는 것 같다며 이런 일이 생길 때마다 사표 쓰고 싶은 마음이 굴뚝같다고 하소연을 하더라.
　그 회사의 여사장은 나도 잘 아는 사람이야. 매우 열정적이고 능력도 탁월하지만 대개 그런 여성들이 그렇듯 성격이 불같아 화도 잘 내고 후배들을 무섭게 다룬단다. 난 그 여직원에게 이런 말을 해줬다.
　"그대가 뭘 잘못하지 않더라도 상사는 나무라거나 짜증 부릴 수 있어. 상사도 감정의 동물인 인간이거든. 그리고 차분히 생각해봐. 그 편집장은 자기 위치였을 때 아마 지금 사장이 편집장이었을 거야. 무서운 사장 밑에서 얼마나 많이 야단맞고 깨지고, 잔소리를 들었겠어. 그걸 다 이겨내고 버텼으니까 편집장 자리에 오른 거야. 나한테 잔소리를 한다고 억울해하거나 화를 내기 전에 '저 선배는 얼마나 많이 당했을까'를 생각하면 오히려 측은지심, 연민의 정이 느껴질 거야. 알고 보면 그대나 부장, 아니 대통령을 비롯한 모든 인간이 다 불쌍한 존재야."

사실 직원들은 부장이 임원 회의만 다녀오면 두려움에 떤다. 간부 회의에서 부장이나 임원이 칭찬받을 일은 극히 드문 일이고 수시로, 아니 거의 날마다 야단을 맞거나 잔소리를 듣기 때문이지. 그리고 간부들이 듣는 잔소리는 일반 신입사원이나 대리급에게 부장이나 국장이 하는 잔소리의 수준과는 비교가 되지 않는다. 일반 정규직은 조금만 부당한 대우를 당해도 노조에 하소연하거나 '그만두라'는 말을 들으면 노동부에 진정이라도 할 수 있지만, 간부급은 당장 '잘릴' 수 있는 파리 목숨이기 때문이다.

"이봐요, 김 국장. 대체 김 국장은 양심이 있소? 그 따위로 일하고도 어떻게 그런 고액 연봉을 받는 거요?" "아래 직원들을 대체 어떻게 다루기에 이런 보고서를 내놓는 거야? 당장 때려치워요."

사장이나 상무에게 이런 가혹한 잔소리를 들은 후에 혼자 속으로 삭이고 우아하게 미소 지으며 자리에 돌아와 "그래, 오늘도 우리 즐겁게, 열심히 일해보자"라고 말할 대인배는 드물다. 또 잘못을 지적받았으면 냉정하게 전달하는 것 역시 상사의 의무이기도 하고. 대리는 과장에게, 과장은 차장이나 부장에게, 부장은 상무나 사장에게, 사장은 회장에게 다 잔소리를 듣는 것이 직장의 잔소리 사슬이다.

그런데 신기한 것은 대부분의 남자는 말단이건 고위직이건 그런 잔소리에 별로 화내거나 맞받아치거나 스트레스를 받지 않는 것 같다.

위계질서에 순응하는 남성들은 그것이 관습법이고 전통이며 통과의례란 것을 아는 거지. 나이가 어린 상사가 반말로 잔소리를 해도 고개 숙여 숨죽인 채 비난을 감수하기도 한다.

상사에게 그런 잔소리를 들으면 억울해하거나 스트레스를 받지 말고 속으로 '저 사람들은 얼마나 오랫동안 이런 잔소리를 듣고 살았을까'라는 연민의 정을 느끼는 게 유리하단다. 지금은 화려한 명함에 법인카드를 쓰며 회사에서 제공하는 기사 딸린 승용차를 타는 간부들도 태어날 때부터 간부였던 것이 아니라 처음엔 마구 야단맞는 신입사원이었음을 상기해보렴.

또 잔소리를 그냥 잔소리로 넘기기보다는 자신에게 도움이 되는 약으로 받아들여 다음에 그런 비난을 안 받도록 노력하면 네 자신이 발전하게 된단다. 물론 부당한 대우나 상사의 언어폭력을 무조건 감내하란 뜻은 아니다. 그러나 그때에도 앞에서 발끈하며 목소리를 높이거나 울먹거리며 항의해서는 안 된다. 차분히 심호흡을 하고 냉정을 찾은 다음에 "부장님, 이건 아닌 것 같습니다"라고 자신의 목소리를 내는 것이 좋다.

중요한 것은 우리가 '이상한' 사람과 대립각을 세우는 것이 아니라 커다란 꿈을 실현하기 위해서는 이런 관행들을 넘겨버리는 대범함도 필요하다는 거다. 너 혼자 항의한다고 해서 나쁜 습관이 절대 고쳐지지 않는 몇몇 사람들에게 에너지를 낭비하느니, 너의 평화와 너의 발전에 더 신경을 쓰는 게 현명하지 않겠니.

상사는 칭찬에 목말라 있다

 우주선과 컴퓨터를 만드는 위대한 인간, 하지만 그 위대함이 말 한마디에 녹아버리고 무너진다는 걸 아니? 바로 '칭찬'이다.

 얼마 전에 만난 대기업 여자 부장은 평소 신중하고 과묵한 성격인데 그날은 유난히 싱글벙글하는 게 생일 케이크 앞에서 촛불을 끄려는 소녀처럼 기쁜 표정을 감추지 못하더구나. 알고 보니 승진을 하거나 큰 상을 타서가 아니었다.

 "오늘 간부회의를 마치고 나오는데 우리 사장님이 저를 보더니 '부럽다'라는 거예요. 저는 어제 출장이었는데 제 부하들을 데리고 점심을 사주셨나 봐요. 그런데 제 부하들이 '우리 부장님이 제대로 업무지시를 해줘 일하기 수월하다' '일할 땐 카리스마가 넘치지만 평소엔 무척 자상한 이모 같아 상사 스트레스를 받을 일이 없다' 등등 제 칭찬을 많이 했답니다. 그런 말을 들으니 쑥스럽기도 하고 고맙기도 하고. 상사로부터 인정받는 것보다 훨씬 더 뿌듯하더라니까요."

한 홍보회사의 직원은 어떤 회사의 여자 중역과 그 회사 남자 사장과 점심식사를 하며 겪은 충격담(?)을 전했다.

"1시간 반 정도 식사를 했는데 식사 내내 그 중역이 '우리 사장님, 너무 멋있죠?' '우리 사장님, 넥타이가 너무 근사하죠? 정말 패션감각이 뛰어나다니까' 등등 제3자인 제가 듣기에도 약간 거북하고 느끼할 만큼 칭찬과 아부를 늘어놓는 거예요. 그런데 그 사장은 '어허 어허, 남부끄럽게……' '하이구, 손님 앞에서 참……'이라고 말을 하면서도 흐뭇한 표정을 짓더군요. 연신 웃으면서요. 대놓고 칭찬하는 그 여자 중역이 처음엔 좀 가증스럽게 느껴졌는데, 그 사장이 기뻐하는 모습을 보니 역시 아부나 칭찬엔 장사가 없다는 말을 실감했답니다."

참 신기하지 않니? 어린아이도 아니고 중년의 어른들이 칭찬 한마디에 이처럼 기쁘고 행복해하는 게 말야. 사람들은 칭찬이 고래도 춤추게 하고, 코끼리도 날게 할 만큼의 위력을 갖고 있다는 건 잘 알지만 지위가 높을수록, 나이가 많을수록 칭찬에 목말라한다는 것은 잘 모르는 것 같구나.

스탠리 빙의《코끼리 던지기》는 상사를 덩치 큰 코끼리에 비유한 책이란다. 많은 상사들은 그 자리에 오르기까지 과거 자기의 상사를 비롯한 웃어른들에게 숱한 아부와 아첨, 칭찬을 했어. 그러다 보니 자신도 멍청하고 한심한 현재의 부하들로부터 아부받기를 당연히 기대하게 되는 것이지. 결국 칭찬 몇 마디가 커다란 코끼리를 던져버릴 힘을 갖는 것이란다.《칭찬의 기술》이란 책을 펴낸 일본의 커뮤니케이션 전문 강사 겸 코칭 전문가인 스즈키 요시유키도 상사 칭찬의 중요성을 강조했다.

위로 올라가면 갈수록 좀처럼 칭찬받을 기회가 없는 것이 사실이다. 아마 당신의 상사는 칭찬 따위는 필요치 않다는 얼굴을 하고 있을지도 모른다. 그러나 절대로 그렇지 않다. 단언컨대 분명히 칭찬해주기를 바랄 것이다. 아마 당신 이상으로 모든 상사가 칭찬에 굶주려 있을 것이다. 무엇이든 상관없으니 이제부터 칭찬해보라. 넥타이든 머리 스타일이든 뭐든 다 좋다.

누구에게나 칭찬만큼 효과적인 말은 없단다. 칭찬할 때는 이유를 캐묻는 이도 없지 않니. 나이가 들수록 칭찬은 더 절실하단다. 주위에서 칭찬 들을 일이 거의 없기 때문에 작은 칭찬에 더더욱 감동하게 되는 것이지.

'상사들은 스테이크'란 말도 있다. 겉은 센 불에 구워져 단단하지만 속은 부드럽고 연약하다는 거다. 겉모습은 무뚝뚝하고 견고해 보이지만 정작 속은 연약해서 살짝만 건드려주면, 특히 자신의 존재감을 돋보이게 해주는 칭찬을 해주면 아이스크림 마냥 녹아내린다. 그러니 어른들에게 화낼 일은 잠시 혀 깨물고 참아도 찬사를 던지고 싶은 충동은 절대 참지 말아야 한다.

"어머, 머리 스타일 바꾸시니 너무 젊어, 아니 어려 보이세요." "지난번 부장님의 그 기획안, 너무 훌륭했어요. 전 언제쯤 그 경지에 이를까요?" "정말 외국에서 유학하지 않으셨어요? 그런데 어쩜 발음이 본토 원어민 수준이세요?"

약간 속이 느글거리고 손발이 오글거리는 느낌이 들더라도 칭찬할 때는 기꺼이, 충분히 하는 게 좋다. 다만 너무 자주, 천박하게 들리는 말로 칭찬하면 거북하고 아첨꾼같이 보이니 주의하기 바란다. 적절한 아부는 기분 좋지만 지나친 아첨은 상대를 경계하게 만들거든.

칭찬과 더불어 상사를 돋보이게 하는 것도 중요하다. 휴렛팩커드의 사장을 지낸 칼리 피오리나는 자기를 사장으로 데려가려고 교섭하러 온 딕 핵번을 만나서 자기 자리에 대한 말보다 이 말을 더 강조했다고 한다.

"제가 사장으로 간다면 당신은 회장님이 되셔야 합니다. 그 놀라운 능력으로 절 지도해주세요."

아, 정년퇴직이 가까운 지금에야 후회가 되는구나. 지난 직장 생활을 반추해보니 내가 상사에게 한 말이라곤 투정과 불만, 혹은 비아냥뿐이었다. "부장님이 늦게까지 계시니까 우리도 제때 퇴근을 못하잖아요. 제발 좀 댁에 들어가세요(알고 보니 부부싸움 후 늦게 퇴근하던 상사에게)." "저 혼자 이 일을 다 어떻게 해요. 선배 같으면 다 하시겠어요?

무조건 일을 받아만 오지 마시고 거절도 하셔야죠(상사가 지시한 일을 맡기는 선배에게).""어머, 대체 언제 출산예정이세요(똥배가 부른 상사에게)?"……

  내가 출세를 못한 건 실력 부족 탓도 있지만 이렇게 칭찬을 안 해서가 아닐까……. 넌 엄마의 전철을 밟지 않았으면 좋겠다.

네가 상사라면 어떤 후배가 예쁠까

누구나 사람은 우주에서 유일한 존재다. 하지만 직장 생활에서 자신의 가치는 상황에 따라 달라진단다.

얼마 전 기업체 여성 간부들 몇몇이 모여 밥을 먹었다. 이런 자리에서 좀처럼 등장하지 않는 주제를 한 간부가 꺼냈다. 여자 후배에 대한 칭찬이다.

"우리 김 대리는 어찌나 엽렵한지 예뻐 죽겠다니까요. 업무 처리도 똑소리 나게 잘하지만 눈치가 어찌나 빠른지. 내가 몸이 좀 안 좋아서 휴게실에서 쉬고 있으면 문자를 보내와요. '지금 막 상무님이 다녀가

셨어요. 잠시 손님이 찾아와 미팅 중이라고 했는데 전화 드리세요'라고요. 괜히 솔직하게 '어제 과음했는지 피곤하다며 휴게실에 가셨어요'라고 보고하면 난 뭐가 되겠어요?"

다른 이들도 후배 자랑을 시작했다.

"솔직히 회식 자리에선 업무나 인사에 관한 이야기를 들으면 편치 않거든요. 그런데 여자 후배들은 상사들과 편하게 대화할 기회가 드무니까 모처럼 느긋하게 맛있는 거 먹고 술 마시는 자리에서도 '저번에 그 일 말인데요'라거나 '추석 보너스는 몇 퍼센트 나온데요' 등의 이야기를 꺼내요. 그런데 우리 회사 박 주임은 절대 안 그래요. 재미있는 유머, 유행하는 드라마나 방송 프로 등을 얘기해서 분위기도 밝게 하고 구세대인 나에겐 정보가 되는 셈이죠. 그 친구가 권해서 뮤지컬이나 영화도 보러 간다니까요."

이들만이 아니라 남성 간부들도 비슷한 이야기를 하더라. 물론 무조건 상사 비위를 맞추라는 게 아니다. 상사들이 원하는 것들을 따라하다 보면 결국 자신이 발전하게 되고 직장에서 원하는 것을 성취하게 된단다.

내가 취합한(?) 상사들이 예뻐하는 후배들의 공통점을 한번 소개해 볼게.

첫째, 일찍 일어나는 새가 기특하다. 직장 생활의 기본은 근무태도. 특히 출퇴근 시간이 중요하다. 무엇보다 일찍 출근하는 것이 돋보이는 지름길이다. 그만큼 업무에 충실하다는 네온사인이다. 〈포춘〉지에 실린 기사를 보니 성공한 전문직 종사자들의 공통점이 일찍 출근한다는 것이었다. 가끔 상사에게 사내 메일을 전할 때도 있는데 보낸 시간이 아침 일찍이면 굉장히 대견하게 보인다.

둘째, 상사 이익이 먼저다. 아무리 멍청하고 한심한 사람이라 해도 적어도 회사에서는 상사가 후배보다 가치 있는 사람이다. 상사의 일과 시간이 훨씬 가치 있음을 인정하고 행동해야 한다. 사소한 일이지만 전화를 받고 있는데 상사가 다가와 뭘 물어보려 하는데도 무시하고 계속 친구와 시시덕거리며 통화를 하는 것은 정말 매너가 아니다. 아주 중요한 업무 통화 중일 경우를 제외하곤 재빨리 상대방에게 "잠시 후에 전화드릴게요."라고 말하고 일단 전화를 끊은 다음에 상사에게 "무슨 일이세요?"라고 물어보는 게 상식이다. 또 그냥 지나가는 듯한 말로 "그게 뭐지?" "요새 제일 인기 있는 가수가 누구야?" 등을 물어보면 당장은 아니더라도 곧 찾아서 알려준다. 업무에 필요한 자료가 아니라 개인적 호기심을 충족시키는, 어쩌면 시시한 내용들일 수 있지만 내가 궁금해하는 것을 찾아내 알려주는 그 마음씨와 배려가 너무 고맙고 예쁘다.

셋째, 난처한 표정은 금물이다. 아무리 어려운 과제를 맡겨도 '대체 왜 이런 걸 나한테 시켜?'라거나 '전혀 모르겠다'라는 태도나 표정은 금물이다. 일단은 의연하게 받아들인 후 전문가의 조언과 도움을 얻으면 된다. 쩔쩔매거나 짜증내는 모습은 보이지 마라. 무슨 일을 지시해도 할 수 있는 최고의 말이자 유일한 말은 "네, 알겠습니다"라야 한다.

넷째, 대안을 준비한다. 모든 게 계획서나 설계도처럼 되지는 않는다. 사고가 생기고 천재지변이 있을 수도 있다. 그러므로 어떤 계획을 세우건 A안만이 아니라 B안, 혹은 상사가 미처 챙길 수 없는 일이나 소품을 준비하는 후배는 너무 예뻐 업어주고 싶다. 또 실수를 저질렀거나 문제가 생기면 재빨리 보고해야 한다. 기쁜 일도, 나쁜 일도 직속 상사에게 제일 먼저 알리는 것이 기본이다. "저런, 그런 일이 있었나요?"라고 자신의 상사 앞에서 당혹한 표정을 짓게 하는 일을 만들어선 안 된다.

다섯째, 항상 밝은 표정을 짓는다. 업무처리 능력이 뛰어나도 음침한 성격이나 어두운 표정의 후배를 좋아하는 상사는 없다. 최근엔 신입사원을 뽑을 때도 시험 성적만큼이나 긍정적이고 유머감각 있는 사람을 선호한다. 직장에선 항상 밝고 단순명료한 표정을 유지하는 것이 중요하다. 애인과 헤어졌거나 부모님의 병환 등 개인적으로는 너무 힘들고 고통스러운 일이 있어도 사무실 안에서 늘 멍한 상태나 침울한 표정을 짓는 것은 자제해야 한다. 직장은 서로 다독거리고 정이 흐르는 친목단체가 아니라 이익을 추구하는 냉정한 집단이기 때문이다. 언제나 밝은 미소로 인사하는 후배를 보면 잘 키워주고 싶다는 사명감까지 든다. 이런 사소한 일들이 결국 성공을 결정짓는다.

지금까지 읽고 나서 이런 말을 할지도 모르겠다. "왜 비굴하게 상사 비위만 맞춰야 해?" 딸아. 그래야 네가 상사가 되었을 때 널 존중해주는 후배를 만난단다.

누구나 먼저 다가가기가 힘들다

미국에서 대학에 다니는 지인의 딸을 만났단다. 방학을 맞아 귀국해 국내 대기업에서 인턴 과정을 이수 중이더라. "인턴 생활은 어때? 재미있어?"라는 의례적인 인사에 그 아이는 아주 '미묘한' 일들이 어렵다고 하더구나.

"인턴, 그것도 대학생 인턴이라 중요한 일은 주지 않아 실수하거나 스트레스 받을 일은 없어요. 그리고 업무 과정에서 잘 모르는 일은 선배들에게 물어보면 되고요. 하지만 가장 견디기 힘든 일은 '뻘쭘한 순간'을 어떻게 해결해야 하는가죠. 가령 점심식사를 위해 선배들이랑 같이 걸어갈 때, 출근길에 엘리베이터 안에서 상사를 만났을 때 시선을 어디에 둬야 할지, 무슨 말을 해야 할지, 말을 얼마나 해야 하는지 등등 그런 순간의 처리가 참 어려워요. 말을 많이 하면 수다쟁이라고 싫어할 것 같고, 조용히 있으면 너무 새침하다고 거리를 둘 것 같고……."

이건 어리고 순진한 인턴 사원만의 고민은 아닐 거다. 사회생활에서는 처음 만난 사람들, 그리고 가끔 모임에서 만나는 이들과 어떻게 말을 걸고 대화를 지속할지가 고민거리다.

나도 엘리베이터 안에서 어린 후배들과 마주치면 그냥 미소만 짓는 경우가 많다. 지난번 쓴 기사가 아주 좋았다거나, 오늘 입은 옷이 잘 어울린다거나 등등의 이야기를 해주고 싶지만 혹시나 '별 간섭을 다 한다' '오지랖도 넓다'라고 생각할까 봐 입을 다문단다. 함께 있지만 침묵해야 하는 순간은 단 10초라도 어찌나 어색하고 썰렁한지 모른다.

그런데 그거 아니? 확실히 실력이 뛰어나도 무표정하고 무뚝뚝한 후배보다는 상냥하게 웃고 말을 먼저 걸어주는 사람이 귀하게 보인단다. 더구나 신입사원일 경우에는 무조건 인사를 먼저 하고, '오버'하지 않는 범위에서 뭔가 이야기를 꺼내주면 참 사랑스럽게 느껴진다. 내가 친근해지고 싶은 사람, 잘 보이고 싶은 사람이 있으면 무시를 당할 각오를 하더라도 말을 걸고, 인사를 하면 뜻밖에 가까운 사이가 된단다.

지방대 출신의 한 여성은 친지의 도움으로 한 회사에서 인턴도 아닌 아르바이트를 했다고 한다. 매일 일찍 출근해 청소도 하고, 나무에 물도 주고 우편물도 나눠주고 뭘 시켜도 씩씩하게 처리했다. 점심시간에 수다를 떨 때는 선배들에게 신세대 아이돌 그룹이나 최근 유행 유머도 알려주는 등 명랑한 모습을 보였다. 그리고 6개월 후에는 그 회사의 정식 직원이 됐단다.

네게 재미 작가인 아네스 안이 펴낸《프린세스, 라 브라바!》란 책을 읽어보라고 했지. 그 책에 소개된 장한나 씨의 이야기를 읽고 난 '먼저 다가가기'의 소중함을 실감했단다. 장한나 씨는 한국에서 경희대를 졸업하고 유엔에서 인턴십을 이수했다. 국제기구의 대명사인 유엔은 지원자가 워낙 많아서인지, 혹은 하는 일이 중요해서인지 대부분 석사 학위 이상의 고학력자들을 채용한다. 장한나 씨는 겨우(?) 대학만 나오고, 소녀처럼 작고 토종 한국인이라 영어가 완벽하지도 않았다. 그런데 그가 지원서를 내자 담당자는 면접도 보지 않고 당장 일하라고 했다. 궁금해하는 장한나 씨에게 담당자는 이렇게 말했단다.

"지원자들은 모두 화려한 이력들을 가지고 있죠. 하지만 정작 인터뷰 때 우리는 이런 생각을 한답니다. '내가 과연 이 사람과 같이 일하고 싶은가, 만약 엘리베이터 안에서 몇 시간 동안 갇힌다면 이 사람과 같이 있고 싶은가'라고요. 장한나 씨는 나를 어렵게 생각하는 다른 사람들과 달리 항상 밝게 인사하며 다가와 말을 건넸어요. 그런 당신과 내가 일하고 싶어 하는 건 당연한 일이겠죠."

아네스 안과의 인터뷰에서 장한나 씨는 자신이 유엔에 정직원으로 취직한 비결을 '먼저 다가가는 마음'이라고 분석했다.

"가장 힘들게 했던 사람들은 제게 현실적인 이야기만 해주는 사람들이었어요. 거기 몇 백 대 1이래. 말이 되니? 학사 학위만으로는 지원 자체가 불가능한 곳이라고 충고해줬는데 그런 말들을 들을 때마다 좌절되고 힘이 빠지더라고요. 틀린 말은 아니지만 그것에 흔들리고 싶지 않았어요. 능력은 조금 부족해도 사람들에게 먼저 다가가려는 따뜻한 마음이 생각지 못한 기적을 일으키기도 해요. 제가 다른 대기자 분들보다 더 똑똑하고 잘나서 정직원이 되었다고 생각하지는 않으니까요. 기존의 틀을 깰 수 있는 것은 결국 사람의 마음인 듯해요."

장한나 씨는 인턴으로 일할 때 누구에게 잘 보이려고, 혹은 어떤 일이 있어도 취직해야겠다는 생각으로 잔머리를 굴려 사람들을 대하지는 않았다. 그저 자기 주변 사람들에게 따뜻한 미소를 보내고 먼저 인사하며 마음으로 다가선 덕분에 주위 사람들도 그의 진정성과 따스한 마음을 알아챈 것이다. 머리와 이성으로 판단하는 것보다 마음으로 받아들이고, 마음의 문을 열고 먼저 다가가는 것, 그것이 이 살벌하고 험난한 세상을 화사하게 만들고 닫힌 문도 열어주는 열쇠다.

"안녕하세요? 오늘은 참 하늘이 예쁘네요. 선배님의 하늘색 셔츠처럼요."

이렇게 다가서는 것, 그것이 진정한 소통의 지름길이란다.

멘토는 너의 가까운 곳에 있다

딸아, 너도 알지? 아무리 천재라 해도 세상은 혼자 살 수가 없다. 특히 조직사회인 직장에서는 인간관계가 중요하다.

얼마 전 만난 CJ의 인재원장을 지낸 민희경 부사장은 자기 상사의 말을 들려줬다.

"지금도 고맙게 생각하는 상사가 그랬어요. 직장 생활을 할 때 3가지 유형의 사람이 필요하다구요. 첫째는 자신의 역량을 키워주고 적절한 기회를 주는 스폰서, 둘째는 상담해주고 격려해줄 멘토, 그리고 셋째는 자극을 받아 실력을 향상시킬 수 있는 선의의 라이벌이 그것이죠. 이런 이들이 갖춰져야 자신도 성장하고 행복한 직장 생활을 할 수 있어요."

나도 이 말에 100퍼센트 공감한다. 우리나라 상황에서 스폰서는 좀 어렵지만, 멘토는 꼭 필요하다고 생각한다.

사람들은 내게 30년이 가깝도록 오래오래 직장 생활을 하는 비결을 묻곤 한다. 공무원처럼 연금이 나오지도, 대학교수처럼 정년이 긴 것도 아닌데 신문사를 오래 다니는 비결은 그저 '잘 버틴' 덕분이다. 버티는 힘은 나의 능력이 아니라 내게 좋은 교훈과 조언을 주고 지도편달을 해준 '멘토'들 덕분이라고 생각한다. 내가 단세포 같은 판단력으로 좌충우돌 실수를 연발할 때, 순간적인 감정으로 바보 같은 판단을 할 때, 직장 생활의 고비고비에 멘토들이 나를 진정시키고 지혜를 주고 다잡아줬기 때문이다.

지금도 난 KBS에 다니던 최춘애 선배의 조언을 잊을 수 없다. 언젠가 내가 상사로부터 오해를 받은 적이 있었다. 자초지종을 밝혀 오해를 풀려는 노력보다는 주위 사람들의 몇 마디 말로 그런 판단을 하는 상사가 야속해 억울해하고만 있었다. 그러다 그 상사가 날 불러 "주위 사람들이 말이야……"라고 말하는 순간, 나는 그동안 참았던 감정들이 복받쳐 폭포수처럼 말을 쏟아냈다. 평소 흥분하면 약간 버벅거리는 편인데 그때는 정말 속으로 '신이시여, 어쩜 전 이리 말을 잘할까요?'라고 감탄할 만큼 조목조목 말을 잘했지. 그리곤 의기양양하게 그 자리를 떠났단다.

며칠 후 최 선배를 만나 나의 무용담(?)을 전했더니 그 선배는 너무 한심하다는 표정을 지으며 이런 조언을 해주시더구나.

"너 똑똑한 줄 알았더니 정말 바보구나. 우리가 상사에게 할 수 있는 말은 단 두 마디야. '네, 알겠습니다'와 '잘못했습니다', 이 두 마디뿐이라고. 뭘 지시하면 알겠다고 하고 실수했으면 잘못했다고 하는 거야. 네가 억울하고 속상해도 일단 알겠다고 한 다음에 나중에 시간이 지나면 천천히 설명드리면 돼. 그래도 그 상사는 네게 애정이 있으니까 해명의 기회라도 준 거야. 만약 널 미워했다면 얼마든지 교묘하게 골탕 먹일 수도 있거든. 그러니 상사에게 가서 너의 그 무모함과 무례함에 대한 사과를 해."

항상 당당하고 자신만만한 여기자의 대표적 인물, 게다가 최초의 언론사 여성 경제부장과 미주국장까지 지낸 그 선배가 여자 후배에게 들려준 조언이, 상사에게 후배가 할 말은 '알겠습니다'와 '잘못했습니다'이고 사과를 하라는 것이라니.

그런데 그건 직장인의 기본 수칙이더라. 사장이나 편집국장 등 고위직에게도 '님'이란 존칭 대신에 '선배'란 호칭으로 부르고 정말 양성평등한 조직인 신문사에서도 부하직원이 상사에게 할 말은 결국 이 두 말뿐이었다. 일단 이렇게 말한 다음에 호흡을 고르고 자초지종을 설명하면 된다. 난 최 선배의 조언을 받아들여 직접 말로 하는 대신 사과 메일을 보냈다. 그분 역시 오해했다고 용서를 해주셨다. 최 선배는 이런 말도 덧붙였다.

"상사가 울컥, 발끈 화를 내는 것 같지만 정말 많이 생각하고 판단해서 화를 내는 거야. 특히 여자 후배들에겐 더 그래. 그러니 절대로 그 말을 감정적으로만 받아들이지 마. 어느 조직에서나 위계질서는 매우 중요하고 충성심도 필요하단다."

나는 최 선배를 그분의 의사와 상관없이 나의 멘토로 받아들였다. 그리고 힘들고 복잡한 일이 생길 때마다 '어찌 하오리까'란 신문고를 두드리면 항상 적절한 조언을 해주셨다.

교과서나 참고서도 없고 정답조차 헷갈리는 직장 생활에서 절실한 것이 이런 멘토의 존재다. 지혜로운 충고와 적절한 조언, 행동 지침을 내려줄 멘토 말이다.

이런 멘토는 같은 직장, 혹은 동종업계의 선배가 가장 이상적이다. 같은 조직문화에서 비슷한 경험을 해서 피해야 할 일, 상사가 가장 싫어하는 행동 등을 잘 알기 때문이다. 동성이 좋지만 이성 선배도 괜찮다. 자신을 사랑하는 걸로 오해하지 않을 쿨한 이성 말이다. 외국계 기업에서 일하는 유동연 씨는 자신이 전 직장에서 만난 외국인 상사를 멘토로 받들어 모신다.

"그분은 전 직장의 간부였어요. 저와 같은 프로젝트를 맡았는데 정말 스마트하다는 표현이 어울리는 분이었습니다. 전 겨우 2년차 신입사원이었지만 그분에게 메일을 보내 각종 진로 상담을 했고, 그분이 본국으로 떠나고 제가 직장을 옮긴 후에도 계속 멘토로 의지하고 있어요. 직장 생활의 노하우만이 아니라 세상을 읽는 눈, 사회인이 갖춰야 할 자세 등을 배우죠. 해마다 크리스마스카드를 보내고 제 신변 사항을 보고합니다. 그런 멘토를 가진 게 축복 같아요."

꼭 선배가 아니라도 된다. 나는 친구이지만 연합뉴스 이사인 김영미를 멘토처럼 여긴다. 나이는 같아도 직장 생활 경험이 더 많고 현명한 판단력을 갖고 있기 때문이다. 신문사 여기자가 방송활동을 하는 것을 탐탁지 않게 생각하는 이들도 많은데 김이사는 "그것도 네 능력이고 브랜드니 신경 쓰지 마"라고 조언해주더구나. 또 사소한 일에도 의기소침해 있는 내게 그는 "그거 별거 아냐. 뭘 걱정해"라며 용기를 주거나 "그 문제는 이렇게 처리해"라며 멘토 역할을 톡톡히 해줬다.

요즘은 여성가족부에서도 동종업계의 선후배를 연결해주는 멘토링 활동을 도와주고 WIN 등 직장 여성 모임에 참가하면 멘토를 찾을 수 있다.

그런데 중요한 것은 멘토를 찾는 것만큼 자신이 성실한 멘티 역할을 하는 것이란다. 멘토를 대하는 멘티의 태도가 더욱 중요하다는 뜻이지.

나는 진심으로 성실하게 멘토 노릇을 하는데 그 조언을 제대로 받아들이지 않거나 너무 많은 멘토들로부터 조언을 받는 모습을 보이면 배신감을 느끼게 되더구나. 한 회사 차장의 경험담을 들어보렴.

"우리 회사는 보수적이라 여직원들이 드물어요. 특히 여성 간부는 몇 명 안 됩니다. 그래서 제가 신입사원 시절엔 업무는 물론 조직 관계로 일이 생길 때마다 막막했어요. 그래서 여자 후배들에게는 제가 좋은 멘토가 되어주려고 했죠. 한 여자 후배가 '선배님 너무 힘들어요'라고 찾아올 때마다 밥도 사주고 때론 밤늦도록 하소연이나 푸념을 들어주고 조언도 했어요. 그런데 알고 보니 이 후배는 저 말고 모든 선배들에게 수시로 찾아가 고민상담을 하는 척하며 밥이나 술을 얻어먹더군요. 심지어 다른 동료들에게 제 흉도 보고요. 그걸 알고 어떻게 제가 멘토 역할을 해주겠어요?"

멘토는 시시콜콜한 일을 느긋하게 들어줄 만큼 한가한 이들이 아니다. 그들이 바쁜 시간을 틈내 만나줄 때는 막연히 '어렵다' '답답하다' 등 대책 없는 하소연이 아니라 절실한 문제의 핵심을 말해야 한다. 또 가능한 멘토의 조언을 행동으로 따라야 하고, 그 멘토에게 감사의 마음과 충성도도 보여야 한다.

훌륭한 스승의 존재는 제자들이 그 뜻을 잘 받들 때 빛이 나듯 멘티의 태도에 따라 멘토의 가치가 달라지는 거다. 성공한 이들은 좋은 멘토를 만나 최고의 멘티로 콤비 플레이를 펼치면서 달콤한 성공의 열매를 공유하지.

너도 지금 훌륭한 경력과 인품의 멘토 김승덕 선생을 만난 행운을 누리고 있지만, 직장 생활에서도 꼭 멋진 멘토를 만나고, 기특한 멘티가 되길 바란다.

리더에게
넌 어떤 팔로워일까

너도 알다시피 엄마는 책을 참 좋아해서 서점에 자주 가잖니. 그런데 서점에 갈 때마다 씁쓸하더라. 예수님 리더십부터 서번트 리더십까지 무슨 리더십 책들이 그리 많고 리더십 종류도 수백 가지인지. 또 대학에 가봐도 리더십 과정, 리더십 특강 등 리더십에 대한 관심과 열기가 너무 뜨겁더구나.

무엇보다 인재가 국력인 대한민국이니 우수한 리더들이 많이 배출되어야 하지만 너도 나도 다 리더만 하려고 하면, 회사에선 모두 사장만 하겠다고 하고 학교에서도 모두 반장만 하겠다고 하면 우리 사회가 어떻게 될까 걱정이다.

　네게 로베레 장군 이야기를 해줬던가? 2차 대전 당시 독일 경찰은 훌륭한 인품의 레지스탕스 로베레 장군을 빼닮은 사기꾼을 검거했다. 진짜 로베레 장군인 줄 알고 잡았다 가짜여서 허탈했던 독일 경찰은 오히려 이 가짜를 이용하기로 했다. 포로수용소로 데려가 장군이 의젓하긴커녕 졸렬한 모습을 보이면 포로들의 사기가 저하돼 관리가 쉬울 거란 계산이었다. 사기꾼에게는 곧 사형당한다는 사실을 알려준 뒤 수용소로 데려갔다.

　그런데 길길이 날뛰거나 방정맞은 모습을 보이리라 여겼던 가짜 로베레는 의외로 늠름했다. 자신들의 영웅이 나타나자 포로들은 장군의 신발에 묻은 먼지도 털어주며 진심 어린 존경을 표했다. 포로끼리 다투면 가짜 로베레 장군이 나서서 중재해주고 죽음의 공포에 떠는 이들에게 용기를 주며 다독거려주기도 했다. 그리고 드디어 사형집행일이 되자 가짜 로베레는 의연하고 당당하게 사형장으로 가며 독일 경찰에게 이렇게 말했다.

　"10만 포로의 눈동자가 나를 존경 어린 눈빛으로 보고 진짜 로베레 장군으로 알고 진심으로 존중해주었습니다. 그리고 억울하고 무고하게 죽어간 사람들도 있는데 그들 영령에게 부끄럽지 않아야겠다고 생각했습니다."

　사기꾼이었다고 해도 '영웅'으로 떠받들린 후에는 영웅다운 처신을 하도록 노력하고, 영웅답게 삶을 마무리한 가짜 로베레 장군. 사기꾼이던 그를 로베레 장군답게 죽게 만든 힘은 그를 영웅으로 잘 떠받든 포로들의 팔로워십이었단다.

우리는 리더십에 대한 얘기는 귀에 못이 박히도록 들어왔지만 팔로워의 역할은 무엇인지에 대해서는 알려고 하지도 않았고, 관심도 없었다. 리더십 못지않게 중요한 것이 팔로워십인데 말이다.

한 연구에 의하면 조직의 성공에 있어서 리더가 기여하는 것은 많아야 20퍼센트 정도이고, 나머지 80퍼센트는 팔로워들의 역할이라고 한다. 현재 사장이라 해도 사장으로 일하는 시간보다 과거 평직원, 즉 팔로워로 일하는 시간이 더 많으니 팔로워십에 대한 연구가 정말 중요하지. 천재적 리더의 창조적 리더십과 충성스러운 팔로워십이 맞장구를 쳐주어야 성공적인 조직이 되는 거다.

소크라테스는 제자들에게는 훌륭한 학자로서 리더십을 보여주었지만, 자신이 억울한 죽음을 당하게 되었을 때 '악법도 법이다'라며 지도자의 말에 순응했다. 이순신 장군 역시 누명을 쓰고 심한 고문은 물론 백의종군의 수모까지 당했지만, 조선 수군이 거의 전멸되다시피 한 상황에서 다시 3도수군통제사의 자리를 제안받았을 때 기꺼이 왕의 명을 받들어 명량해전을 통쾌한 승리로 이끌었다.

진정한 리더가 되려면 훌륭한 팔로워십을 먼저 익히는 게 필요하지 않을까. 그 어떤 리더도 팔로워의 시기를 거치지 않고 그 자리에 오를 수는 없단다.

그런데 멋진 팔로워십을 이끌어내기 위해서는 무엇이 필요할까? 바로 자신이 원하고 바라는 것을 윗사람이나 아랫사람에게 베풀고 실천하는 것이란다. 가위바위보 게임에서 '바위'는 왕권을, '가위'는 선비들을, '보'는 백성을 상징한다고 한다. '바위'는 '가위'에게는 이기지만 '보'에게는 지고, '가위'는 '보'에겐 이기지만 '바위'에게는 지고, '보'는 '가위'에겐 약하지만 '바위'에게는 강하다. 스스로 자신의 리더에게 바라는 바를 자신의 팔로워에게 베풀고, 자신의 아랫사람에게 바라는 것을 자신의 리더에게 실천하면 된다.

어떤 조직에서 팀장이나 리더로 나서서 훌륭하게 업무 수행을 하는 것도 좋지만, 다른 사람이 리더로 결정된 후에 따르는 자세도 중요하다. 일단 팔로워들은 리더의 목표나 지시를 냉철하게 검토하고 좀 더 나은 의견을 제시하려 노력하며, 결정이 내려지면 최선을 다해 완수해야 한다. 리더에게 순응과 복종만 하라는 것은 아니다. 필요하면 건설적인 방법으로 리더에게 문제를 제기하고 기존의 의사결정을 제고하도록 제안도 해야 한다. 그 과정을 통해 진정한 리더가 되는 자질을 온몸과 머리로 익힐 수 있다. 그런데 어떤 이들은 항상 "에이, 그게 아니지" "왜 나한테 그따위 일을 시키는데?" 등 불평불만만 하면서 조직의 분위기를 썰렁하게 만들고 자신도 발전하지 못한다.

그리고 자신을 잘 따르는 팔로워에게 리더는 또 다른 분야의 리더가 될 수 있도록 길을 열어주기도 한다. 그러니 자신을 드러내기 전에 순응하고 존중하는 법을 익히는 게 중요하단다.

남을 따르는 법을 알지 못하는 사람은 좋은 지도자가 될 수 없다.

아득한 옛날, 아리스토텔레스 영감님이 하신 말씀인데 이 말은 21세기에도 너무나 유효하다. 너도 이끄는 법보다 따르는 법을 먼저 배우기 바란다.

적어도 게임의 법칙은 알아야 하지 않을까

딸아. 대한민국 최초로 여자 대통령이 탄생했고 '여성 최초의'란 수식어가 붙은 여성들이 맹활약 중이다. 놀라운 변화지 않니?

그런데 초등학교 반장부터 대학 입시, 각종 고시, 심지어 육군사관학교 수석합격 등을 휩쓰는 알파걸들이 정작 비즈니스 세계에서 아직도 알파우먼으로 성장하지 못하는 게 현실이다. 실력이 뛰어나고 직장에 대한 충성도도 높은데 기업의 여성 간부는 왜 항상 한 자리수일까? 정말 조직엔 남자들이 만들어놓은 유리천장이 있는 걸까?

직장 생활을 30년 가까이 하고서야 이 엄마는 겨우 그 답을 알 것 같다. 여성들은 직장 생활에서 통용하는 '게임의 법칙'을 모르기 때문이다. 여성들은 조직의 구성원으로 맡겨진 일에 최선을 다할 뿐 그 조직의 생리와 구조를 모른다. 스스로를 조직의 부품으로 만드는 것은 여성 자신들이다. 아무리 성능이 탁월한 부품도 결국은 얼마든지 다른 부품으로 교체될 수 있다는 것을 여성들은 모른다.

어릴 때부터 "숙제 다 했구나, 우리 딸 착하다"란 말을 듣고 성장한 여성들은 칭찬을 들으면 신 내린 무당처럼 작두를 타고 방울을 흔들며 몇 배의 능력을 발휘한다. 직장에서도 "착하다" "고맙다"란 칭찬 몇 마디에 야근도 마다않고 링거까지 맞으면서 투혼을 불태운다. 그리고 자신이 매우 성실하고 그걸 인정받는다는 생각에 뿌듯해한다.

냉정하고 살벌한 조직사회는 흔히 '정글'에 비유된다. 곳곳에 독사, 하이에나가 우글거리고 언제 어디서 독화살이 날아올지 모르는 곳이다. 그런데 여성들은 사랑이 가득한 꽃동산으로 여긴다. 그래서 자신이 물을 열심히 주고 노래를 부르면 항상 꽃이 아름답게 피어날 거라고 믿는다. 그러나 뒤에서 날아온 독화살을 맞고 "억울해요"를 외치지만 이미 독은 온몸에 퍼진 후다.

《능력 있으면 성공하는 줄 알았다》란 책을 쓴 독일의 코칭전문가 마리온 크나츠는 수년간 직장에서 성공가도를 달리는 사람과 그저 불평불만이 많은 사람의 행동이 어떻게 다른가를 분석했다. 그 결과 놀랍게도 뛰어난 업무 처리 능력이 성공비결의 전부가 아니었다. 의외로 성공을 좌우하는 요소는 '의사소통'이란 한 분야에 집중되어 있었다.

딸아. 진정한 의사소통은 내가 하고 싶은 말을 전달하는 것이 아니란다. 그 사람이 듣고 싶어 하는 말을 해주는 것이고 조직이 원하는 것, 조직의 룰을 충실하게 따르는 것이 의사소통이다. 그러나 대부분 여성들은 자기 말만 하고, 자기 일만 하면서 최선을 다했다고 한다.

A란 여직원이 대표적인 사례다. A는 누구나 인정할 만큼 성실하고 최선을 다하는 사원이었다. 자신의 일을 사랑했고 그만큼 성과도 냈다. 부장이 된 후엔 후배들에게 마귀할멈 소리를 들을 만큼 다그쳐서 실적을 올렸고, 휴가도 반납하면서 새로운 일에 도전했다. 독신인 그는 일요일에도 나와 일했고 밤늦도록 사무실을 지켰다. 당연히 그의 부서는 실적 1위였다. 상사들도 "우리 회사 보배!"라며 실력을 인정했다.

그런데 정작 그의 동기들이 간부로 승진할 때 그는 부장 자리에 머물렀다. 처음엔 "난 뭐 일이 좋아서 열심히 했을 뿐 승진하려고 한 건 아니니까"라고 자위했는데 두 번이나 승진 명단에서 누락됐다. 그리고 다음 해엔 엉뚱한 부서로 발령받았다. 너무 억울하고 분해 인사담당 상무를 찾아가 상의하자 이런 답변을 들었다.

"A부장이 열심히 일하는 것, 물론 잘 알아요. 하지만 조직사회는 일벌만 필요로 하는 게 아니거든요. 일단 부원들이 너무 혹독하게 일을 시킨다고 원성이 자자하고, 다른 부장들도 당신이 까칠해서 같이 이야기하기도 싫다고 합니다. 간부 사원은 독불장군이어선 안 돼요. 후배들을 아우르고 동료들과도 조화를 이뤄야지. 이번 부서를 맡아 한번 조직 혁신도 하고 A부장도 이미지를 바꿔봐요."

그가 서류 더미에 파묻혀 있을 때 다른 남성 동료들은 후배들과 회식 자리에서 불평도 들어주고 대신 상사 욕도 해줬다. 또 다른 남자 부장들은 수시로 다른 간부들과 술자리를 가지며 'A가 열심히 일은 하는데 너무 독선적이다'라는 식으로 은근한 험담을 전해 신뢰도를 떨어뜨렸다. 나중에야 그 사실을 안 A는 충격을 받았지만 남은 것은 위장병과 마음의 상처뿐이었다. 그는 죽기 살기로 일하는 일벌이었을 뿐 여왕벌은 되지 못한 것이다.

플렛그룹의 CEO이자 컨설턴트인 크리스토퍼 V. 플렛은《똑똑한 여자들은 다 어디로 갔을까?》라는 책에서 남자들이 구축해놓은 비즈니스 세계의 '게임의 법칙'을 알려준다.

그가 전하는 직장 생활 게임의 법칙이자 알파맨의 원칙은 여성들이 받아들이기엔 냉정하며 불편하기까지 하다. 남성들은 조직에 적응하기보다는 먼저 두각을 나타낸다. 직접 혼자 일하지 않고 지휘봉을 차지해 리더가 된다. 에너지의 80퍼센트는 결과 만들기에 투자한다. 상대를 공격할 땐 무자비해진다. 넘어진 사람을 일으켜 내 사람으로 만든다. 돈 버는 능력으로 평가받는다. 가치와 힘을 겉으로 드러내는 직함을 사랑한다 등등이다.

반면 여성들은 어떨까. 무엇보다 업무상 결점을 감정적으로 받아들인다. 자기방어를 위해 까칠하게 남을 공격하거나 반대로 우유부단한 예스걸이 된다. 혹은 성적 매력을 내세우거나 직장에서도 엄마처럼 주변을 챙긴다. 집안일 등 개인적인 문제를 직장으로 끌어들이거나 동료들과 사적인 비밀을 공유하려 드는 것이 많은 직장 여성들의 행태다.

이 모든 것들이 바로 대다수의 여자들이 무덤을 파는 이유라고 플렛은 꼬집는다.

대한민국은 법적으론 거의 완벽한 양성평등 국가다. 남녀고용평등법을 비롯해 법적으로 여성들이 부당한 대우를 받지 않도록 장치를 해두었다. 하지만 아직도 만연한 남존여비사상, 그리고 앞으로도 한참 고쳐지지 않을 고정관념이 도처에 덫으로 남아 있다.

신문사의 한 여성 간부는 "여성들이 남성화가 되라는 것이 아니라 적어도 게임의 법칙을 익혀 같은 조건에서 게임을 하는 것이 피해자가 되지 않는 길"이라고 한다.

"이미 오랫동안 직장 생활과 조직문화에 익숙한 남성들은 화법부터가 달라요. 절대 '이렇게 하는 게 어떨까요'라고 말하지 않고 '이렇게 하는 게 좋다고 생각합니다'라고 분명히 표현합니다. 그러니 소신 있게 들리죠. 또 상사가 다른 동료에 대해 물어볼 때 절대로 '성질이 더러워서 날마다 후배들과 싸워요' 등 직설적인 비난이나 흉을 보지 않아요. '아주 성실하고 좋은 사람이죠. 그런데 들어보니 후배와 갈등이 있나 봅니다. 직접 목격한 건 아닙니다만……'이라는 식으로 은근히 비난을 하면서도 자기가 빠져나갈 길을 만들죠."

화법도 중요하지만 자신이 속한 조직의 룰을 읽고, 그 조직이 어떤 방향으로 흘러가는지를 알아야 한다. 회사의 경영상태, 간부진의 변화, 사원들의 정서 등을 파악하는 것은 절대 '업무 외의 일'이 아니다. 그리고 어떤 기회건 인사권자에게 자신의 존재를 알리고 어떤 일에 재능이 있는지 알려야 한다. 그건 절대 사내 정치가 아니다.

비록 유리천장은 남성들이 만들어놓았다 해도 "유리천장이 있는 걸 어떡해"라고 푸념하기보다 과감히 뚫을 용기가 있어야 한단다. 때론 여성들도 자신이 비수를 품고 있음을 알려줄 필요도 있고, 남들이 독화살을 쏘면 창으로 막아내 되돌려 줄 순발력도 필요하단다.

부지런히 음식을 만들어 밥상을 다 차려놓으면 숟가락 하나 얹어 놓고서 "이거 내가 차린 상이다"라고 주장하는 남성들에게 언제까지 공적을 빼앗겨야 하겠니. 게임이나 경기를 시작하기 전에 그 게임의 룰부터 숙지해야 하지 않을까.

이제 더 이상 '걸(girl)'은 아니니까

대한민국은 소녀들에게 중독된 것 같다. 소녀시대만이 아니라 걸스데이에 이르기까지 온통 '걸'에 열광하고 있다.

중년 아저씨들도 자기 아들이나 딸의 친구 이름은 잘 모르면서 티파니, 제시카, 태연 등 소녀시대 9명 멤버들의 이름을 줄줄이 외고 아무개 얼굴이 귀엽다, 다리는 누가 제일 쭉 뻗었다며 거의 넋을 잃는다.

아무리 동안 메이크업을 하고, 발랄한 옷차림을 해도 '소녀시대' 필은커녕 새해에도 '송년시대'의 분위기를 풍기는 이 엄마는 이젠 그들에게 질투할 힘도 상실했다. 나도 그들의 귀엽고 사랑스러운 모습이며 멋진 춤에 감탄하는데 젊고 예쁘면 무조건 좋아하는 남자들이야 오죽할까.

　소녀들의 순수함, 청순함, 밝음, 귀여움, 애교스러움, 건강함 등은 탁하고 어두운 시대에 청량제 역할을 하기도 한다. 길에서 도자기같이 뽀얗고 투명한 피부의 소녀가 해맑게 웃는 모습을 보면 한숨이 날 만큼 부럽고 가슴이 화사해진다. 그들이 눈망울을 빛내며 뭔가를 부탁하면 꼭 들어줘야 할 것 같기도 하다. 그리고 돌아가신 작가 박완서 선생도 그러했고 연기자 김혜자 선생처럼 나이 들어서도 소녀다운 순수함과 원형질을 간직한 이들을 보면 부럽기도 하다.

　하지만 딸아, 직장 등 사회생활에서는 제발 소녀다움은 집에 두고 다니길 바란다.

　성인인 직장인이 일해야 할 사회는 프로의 세계다. 특히 직장은 누차 강조하듯 꽃과 나비가 아름답게 춤추는 꽃밭이 아니라 하이에나와 독버섯 가득한 정글이다. 미성년자들끼리 정으로 뭉친 동아리가 아닌 성인들의 전쟁터다. 직장에서 '난 영원한 소녀'를 주장하는 것은 민폐를 넘어 범죄에 가깝다고 생각한다.

　업무에서의 잘못을 차분히 지적해도 눈물 콧물 흘리며 우는 사람, 실수를 하면 아이처럼 혀를 쏘옥 내밀거나 "아잉! 몰라 몰라" 하며 가슴을 흔들며 애교로만 승부하려는 사람, 초등학교 2학년생처럼 수시로 상사를 찾아와 동료들의 잘못을 고자질하는 사람, 업무에 대한 기초 정보나 기술조차 배우려 하지 않고 주변 사람들에게 자꾸 부탁하는 사람…….

자신이 여전히 꿈초롱별초롱 소녀인 줄 알고, 애교와 귀여움을 무기로 여기는 것도 한심하지만 성인이라면 혼자 충분히 처리할 수 있는 일을 이 사람 저 사람에게 상의하고 부탁하러 다니는 것은 회사에 해를 끼치는 행위가 아닐까.

그런데 곰곰 살펴보면 이런 사이비(?) 소녀들은 핑계의 여왕이기도 하더구나. 출근시간에 늦거나 업무에 실수가 있거나, 단체 일에 참여하지 않았을 때 항상 놀랄 만큼 많은 핑계를 준비해두고 있다.

"오다가 교통사고 났쪄요."(꼭 혀짜래기소리를 한다) "영훈 씨가 대신 정리해주겠다기에 믿고 맡겼거든요. 전 몰랐어요." "집안이 엄격해서요. 절대 외박은 안 된다고 하셔서 학교 때 수학여행도 못 갔어요. 이번 워크샵도 못 가요." "저혈압이라 아침에 잘 못 일어나요." 등 참 핑계와 이유들도 가지가지다.

상사들은 후배들이 대화에 안 끼워주는 것도 서럽지만 "드릴 말씀이 있는데요"라며 수시로 다가와 "이거 제가 해야 해요?" "자리 좀 바꿔주세요. 삼순 씨와는 같이 못 앉아 있겠어요" 등의 하소연을 하는 것이 더 고통스럽다고 한다. 엄마와 친한 여성 간부의 고백을 들어보자.

"요즘 출근하기가 싫어졌어요. 새로 맡은 부서에 여직원이 있는데 출근과 동시에 제 자리에 와서 '저기요~'라고 귓속말을 늘어놓는데 너무 입 냄새가 심해 솔직히 숨쉬기가 힘들어요. 내용 역시 나도 다 아는 가십이나 회사 사람들 험담이에요. 한번은 서류에 숫자를 잘못 써서 지적을 했더니 엉엉 울더군요. 마스카라가 번져 거의 미저리 수준이었죠. 그리곤 언젠가 야단을 쳤더니 사과에 '제 사과를 받아주세염'이라는 메모를 써서 책상에 놓아뒀더군요. 나름 애교라고 그러는 것 같은데 더 정이 떨어졌어요. 정서 발달이 중학생에서 멈춘 것 같아요. 다음 인사 때는 꼭 다른 부서로 보내야 할 텐데……."

자기는 굉장히 사랑스럽고 귀여운 줄 아는데 정작 남들은 한심해하는 것처럼 안쓰럽고 불쌍한 일이 어디 있니.

너도 내가 나무라면 "아직 난 어리잖아. 실수할 수도 있지 뭐"라고 징징거리거나 어려운 일이 있을 때마다 "그건 엄마가 해줘"라고 연약한 척 재롱을 떨지. 하지만 뭔가 규제를 하거나 지시할 때는 "이젠 나도 성인인데 그런 것까지 강요하지 마"라고 어른인 척하고 말이다. 엄마인 나는 딸을 낳은 책임으로, 그리고 아직까지는 무조건 사랑스러우니까 속이 뒤집혀도 참는다만 사회에서 그렇게 관대하게 봐줄 사람은 아무도 없단다.

그렇다고 소년처럼 터프하게 굴거나, 너무 세상 다 산 어른인 척하라는 건 아니다. 감성은 소녀처럼 부드럽고 맑게 유지하되 '태도'에서만은 자신의 말과 행동을 책임질 수 있는 의젓함을 보이라는 거다. 사회에 기여는 못하더라도 대책 없는 애교와 어리광으로 다른 여성에게 민폐가 되어서는 쓰겠니. 여성들이 애교나 귀여움을 매력이라고 생각하지만 때론 사회의 공해가 될 수 있단다. 뿌잉뿌잉…….

> 드라마를 보고는 울어도
> 사무실에선 울지 마라

넌 정말 유난히 눈물이 많은 편인 거 알고 있니. 네 초등학교 졸업식 때도 네 아빠와 "우리 땐 친구며 선생님이랑 헤어지는 게 슬퍼서 울었는데 요즘 애들은 우는 애들이 없네"라는 말을 나누면서 너를 찾았는데 통 보이지 않았지. 친구들에게 물어보니 교실에서 너 혼자 울고 있다고 전해주더라. 언젠가는 집에 오니 울어서 퉁퉁 눈이 부었기에 무슨 큰일이 있는 줄 알고 가슴이 철렁했는데, 알고 보니 즐겨보던 드라마의 여주인공이 죽었다고 운 거였어.

 음악이 너무 애잔하다고, 달빛이 황홀하게 아름답다고, 옛날 친구 생각난다고 툭하면 우는 딸. 그렇게 감성이 풍부하고 감정 표현이 자유로운 것은 축복받은 일이기도 하다. 잘 울면 몸속의 나쁜 호르몬이 잘 분비되어 몸과 마음의 건강에 도움이 되거든.

  드라마를 보면서도 울고, 엄마랑 잠시 떨어지는 공항에서도 펑펑 울어 영화의 한 장면을 연출하는 너. 수도꼭지처럼 언제나 틀면 눈물이 나는 네가 부럽기도 하다. 엄마는 이제 하품할 때만 눈물이 난단다.

  하지만 사회생활을 할 때는 절대 수시로 울어서는 안 된다. 운다는 것은 그만큼 이성적이지 못하고 감정적으로 보이고, 어떤 상황에서도 먼저 우는 사람이 그 게임에서 진 것으로 보이기 때문이다. 김연아 선수처럼 승리의 금메달을 따고 애국가가 울려 퍼질 때 흘리는 눈물은 값지고 아름답지. 그러나 야단맞거나 실수를 저지른 후에, 혹은 난처한 상황을 모면하기 위해 눈물을 사용해선 안 돼.

  나도 직장 생활 초기엔 사소한 일에도 툭하면 울었다. 상사가 조금만 꾸짖어도, 선배에게 지적을 받아도, 원고를 보내주기로 한 소설가가 약속을 지키지 않아도 발을 동동 구르거나 눈물을 뚝뚝 흘렸었지. 지금은 눈물샘이 마르기도 했지만 어지간한 일에는 사무실에서는 눈물을 보이지 않는단다.

  여자들은 흔히 눈물을 최대의 무기라고 생각한다. 슬플 때만이 아니라 뭘 요구할 때 눈물만 흘리면 대부분 해결되기 때문이다. 여자들의 눈물 앞에선 강하고 무서운 사람들도 약해지는 게 사실이긴 하다. 절대 더 이상 새 옷은 안 사준다던 아버지도 울기만 하면 "으이구, 고만 울어" 하면서 돈을 주셨고, 나무라던 선생님도 울기만 하면 "그래, 됐다"라고 돌려보내셨지. 자기 잘못에 화를 내던 남자친구 역시 눈물을 몇 방울 흘리기만 하면 "알았어. 내가 잘못했어"라며 전세가 역전되기도 하니 눈물처럼 요긴한(?) 게 없을 거다.

하지만 직장 생활에서 눈물은 치명적인 약점이다. 새내기 시절에야 '저 어린 것이 얼마나 놀랐으면……' 하고 눈물을 흘리는 모습에 다들 가슴 아파하고, 귀엽게 봐주기도 하지만 3, 4년차가 넘어서도 툭하면 우는 이들은 '한심한 울보'라고 낙인이 찍힌단다.

직장의 상사가 업무상 후배를 나무라는 것은 상사의 권리이자 의무이다. 그런데 야단맞을 때 남자직원들은 진심은 어떨지 모르지만 말로는 "잘못했습니다. 앞으로 잘하겠습니다"라고 쉽게 말한다. 아무리 상사가 "야, 이 자식아, 이걸 서류라고 작성했냐!" "한심한 놈, 네 머리는 베개 벨 때만 쓰냐" 등의 모욕적인 발언을 해도 울거나 화를 내기는커녕 씩 웃으며 "다시 하겠습니다"라고 쿨하게 답한다.

반면 여직원들은 업무에 대한 잘못을 지적해도 마치 엄청난 인격 모독을 받은 듯 발끈하며 표정이 험해지거나 곧 펑펑 울며 사무실을 뛰쳐나가버려 상황을 드라마로 만들어버린다. 공들여 바른 마스카라가 번져 공포영화 주인공 같은 분위기를 만들면 야단을 친 이나 주위 동료들 역시 갑자기 죄인이 된 듯한 느낌이 들고 문제의 핵심은 전혀 해결되지 않는다. 울고 있는 직원을 무시할 수도 없고, 다독거리며 위로했다간 상사 눈치도 보여서 회사 분위기도 급속히 썰렁해진다. 그건 자신이 저지른 실수와 자신의 존재를 분리시키지 못하는 여성들의 약점 탓도 있지만 어떤 상황에서건 눈물로 해결하려는 것이 더 문제인 것 같다.

상사들은 잘 우는 여직원에겐 야단도 잘 안 치려고 하지만 절대 중요한 임무도 주지 않는단다. 또 잘못을 지적했다가 자신의 상사나 동료들로부터 '여직원을 울리는 성격 더러운 사람'으로 낙인 찍히는 것도 두렵고, 그런 불편한 상황을 아예 만들고 싶지 않거든.

한 대기업의 부장은 자신도 여자이지만 '직장 여성들의 눈물은 문을 여는 열쇠가 아니라 아니라 자신을 가두는 자물쇠'라고 말하더구나. 백번 공감한다.

"신입사원 시절엔 웃거나 울거나 실수를 해도 뭐든지 용서되고 귀엽죠. 하지만 대리 정도의 직급인 여사원이 잘못을 지적하는데 툭 하면 울음을 터뜨리면 정말 당혹스럽고 화가 납니다. 자기감정 조절이 전혀 안 되는 사람이라고 판단되어서 중요한 업무는 맡기고 싶지 않아요. 솔직히 부하들을 야단칠 때는 나름대로 고민하고 심사숙고해서 겨우 말하는 건데 사춘기 소녀처럼 울면 황당하죠. 차라리 남자들이 직장에서 눈물을 보일 때는 감성이 풍부한 사람으로 보일 때도 있지만 여자들은 참아야 해요."

하지만 직장 생활에서 어떻게 웃을 일만 있겠니. 억울하고 분하고 답답해서 눈물만 흘리는 게 아니라 대성통곡을 하고 싶을 때가 더 많지. 그래도 결론은 울지 말아야 한다는 것이다. 정말 울고 싶을 때는 심호흡을 하고 혀나 입술을 깨물며 일단 그 자리를 떠나 화장실이나 옥상 등 혼자 있는 곳에서 울기 바란다. 그땐 울면서 소리를 지르건 욕을 하건 울게 만든 장본인에게 저주의 주문을 외건 자유다. '이런 시베리아허스키 우라질네이션' 등의 변형된 욕을 내뱉어도 된다.

어느 인사 담당자의 이야기는 우리 여성 직장인들에게 참 귀중한 조언이라고 생각되더구나.

"입사한 지 3~4년쯤 지나면 입사 동기들의 걷는 길이 제각각이죠. 업무 능력을 제대로 발휘하는 사람도 생기고 기회를 먼저 갖는 사람도 있는 반면, 하는 일마다 제대로 풀리지 않아 상사에게 구박만 듣는 사람도 있습니다. 기회를 갖고 승승장구하는 사람이야 자신감이 더해지겠지만 그렇지 않은 경우 점점 풀이 죽어가게 마련이죠. 그런데 여성 직장인들은 일이 제대로 풀리지 않을 때 감정적으로 대응하는 경우가 종종 있습니다. 감정적 대응의 대표적인 사례가 '눈물'입니다. 그들이 울 수밖에 없는 이유에 대해 이해를 못하는 것은 아니지만, 가급적 직장에서 눈물만큼은 참아야 한다는 것이 나의 지론입니다. 어느 직장에서든 상관은 우는 부하직원을 신뢰할 수 없으니까요. 여직원이 울면 상관은 순간적으로 '내가 무엇을 잘못했나' 하는 미안함을 갖게 되고 그 자리에서 더 이상 얘기를 진행할 수 없게 되거든요. 그런 상황이 반복되다 보면 자주 우는 사람은 교육의 기회를 잃게 되고 본인이 한 일에 대한 정확한 평가를 받는 기회도 가질 수 없게 됩니다. 결국 남는 것은 '그 애는 툭하면 울어'라는 주변의 냉혹한 평판뿐이지요."

그럼 직장에서 열 받고 스트레스를 받을 때 울지 않으려면 어떻게 해야 할까. 20대에 감정 컨트롤에 능숙하기는 불가능하니 말이다.

엄마 생각엔 일단 자신이 한 일이나 자신의 입장을 객관화해 제3자의 입장에 서서 상대방의 얘기를 경청하는 게 필요하다고 본다. 누군가 나를 야단치기 위해서는 그 사람도 많은 고민을 해서 결정한 것일 테니 말이다.

아무리 생각해도 부당한 대우를 받고 있고 상사나 상대의 태도가 지나치다고 생각되면 직접 찾아가서 "제가 뭘 잘못했는지 다시 한 번 생각해보겠습니다"라고 말한 후에 잠시 호흡을 고를 여유를 가져야 한다. 차라도 한잔 마시면서 차분한 냉각의 시간을 가지면 다시 얘기하지 않아도 오해가 풀리는 경우가 많고, 사실 자신이 잘못했다는 것도 알게 된다.

그런데 이게 쉬운 일은 아니지. 겉으로 보기엔 냉혹한 이미지의 한 중견 여성정치인도 툭하면 회의장에서 운다고 소문났더라. 감성이 풍부한 탓인지는 모르지만 정작 주변 정치인이나 기자들은 '매일 생리 중인지, 아니면 갱년기인지 모르겠다. 매일 언제 울지 몰라서 말을 하기도 힘들다'란 반응을 보이더라.

물론 눈물은 정말 아름다운 것이다. 감정이 고양된 절정의 순간에 행복하거나 슬퍼서 흘리는 눈물은 진주보다 귀하기도 하다. 하지만 조금 오해받았다고, 야단맞았다고 툭하면 흘리는 눈물은 콧물보다 못하다. 그러니 슬픈 드라마를 보고는 울어도 좋지만 처절한 다큐멘터리

현장인 사무실에선 울지 말아야 한다. 사무실에서 우는 사람은 시합에 진 패자이거나 감정 조절에 미숙한 어린아이로 보이니까.

부디 우리 딸이 기쁨과 승리의 눈물만 흘리길 바란다.

회의가 두려운 여자들

참 신기하지? 여자들은 50분짜리 드라마 한 편을 보고도 서너 시간을 너끈하게 떠들잖니. 그리고 동생이나 남편을 지적할 때 보면 어찌나 논리정연한지 여자들의 언어 능력에 감탄할 뿐이다. 그런데 왜 사적 영역에서 그토록 능란하던 말이 공적 영역에 들어오면 위축되는 걸까.

"왜 제 말이나 의견은 잘 안 들어줄까요? 회의시간 때도 제가 발표를 하면 딴청을 피우거나 뚱한 표정으로 보다가 똑같은 의견을 남자 동료가 말하면 '그래, 맞아'라고 동의해요. 마치 제 목소리는 들리지 않았던 것처럼요. 제 의견을 존중하는 것은 점심이나 간식 메뉴를 선택할 때뿐인 것 같아요."

대기업에 근무하는 한 여자 대리의 하소연이다. 담당 부장이 대리인 자신의 의견보다 남자 후배의 말에 맞장구를 치는 경우가 많다며 사표를 쓰고 싶다고 하더라. 이런 식이라면 직장에서 아무런 비전도 없는 것 같다고 한다. 그녀 외에도 많은 직장 여성들이 자기 의견을 주장하는 데 어려움을 겪고 있는데, 왜 그럴까?

무엇보다 21세기에도 여전히 남성 중심의 사회에서 여성들의 주장은 소수파의 목소리라는 편견이 강한 것 같다. 여성이 매우 훌륭한 아이디어를 냈다 해도 기꺼이 존중해주며 그에 따라갈 의사가 있는 남성 동료들은 아직은 드물다. 은근히 무시하려는 경향이 있는 것이 사실이다. 분명히 그 의견에 공감하고 은근히 놀라면서도 겉으론 표현하지 않는다, 아니 못한다. 남자의 알량한 자존심 탓이다. 그리고 여성들이 작고 떨리는 목소리로 말한 의견, 그래서 상사들이 주목하지 않은 의견을 잠시 후에 자신의 고유한 아이디어인 것처럼 당당하게 말한다. 아, 이런 나쁜 자식들!!

그러나 본질적인 문제는 여성들에게도 있다. 여성들은 수다 문화에는 익숙해 있지만 아직은 토론 문화나 회의 문화에는 약하다. 연예인이나 명품 이야기를 할 때는 현란한 비유와 거침없는 말솜씨를 과시하는 여성들도 일단 회의석상에서나 혹은 상사에게 업무 보고를 할 때는 갈라지고 떨리는 목소리나 혀짜래기 발음을 내거나 "그런데요, 왜냐면요" 등 불필요한 접속사를 붙이는 경우가 많다. 업무, 특히 회의석상에서 이런 어린아이 같은 행동이나 애교는 금물이란다.

또 여성들은 자신이 말하다 실수하면 어떻게 하나 하는 두려움을 갖고 있지. 실수를 하면 귀여운 척 혀를 쏙 빼내 물거나 남들이 실수를 지적하면 얼굴이 발개지고 화를 내는 등 표정관리를 하지 못하는 것도 여성들의 공통점이다. 또 자기가 할 말만 너무 몰두한 나머지 다른 이들이 한 말을 듣지 않고 똑같은 내용을 반복해 웃음거리가 되는 이들도 있다.

"너무 말을 잘해야겠다, 제대로 전달해야겠다는 강박관념을 가지는 게 더 걸림돌이에요. 커뮤니케이션의 대가들은 독특한 어투를 가진 이들이 아니라 자연스럽게 말하는 이들이에요. 회의석상이라고 너무 사무적인 어투로 딱딱하게 말하는 것보다 편안하게 이야기하는 것이 좋고 더욱 설득력이 있답니다."

세계적인 화장품 브랜드인 에스티로더에서 인사담당 간부로 일했고 현재 코칭전문가로 활동하고 있는 오철숙 씨의 조언이다. 여성들은 '난 분명 실수할 거야, 난 여자니까 내 의견은 무시당할 거야'란 부정적 자기암시를 하는 습관을 버려야 한다. 그리고 자신의 의견을 제대로 주장하려면 평소에 주변 동료들과 자주 진솔한 대화를 나누고 마음이 평화로운 상태에서 자연스럽게 말하는 것이 제일 좋은 방법이란다.

무엇보다 여성들이 회사에서 저지르는 가장 치명적인 실수 중 하나는 남성이나 상사의 말을 너무 단순하고 진솔하게 받아들인다는 것이다. 회의에 참석하면 그 회의를 주재하는 상사는 기탄없이 얘기해보라고 말한다. 평소에 간부들과 대화가 많지 않고 사적인 술자리를 자주 갖지 않아 머리와 가슴에 할 말이 가득한 여성들은 순진하게도 '기탄없이'란 말에 봇물 터지듯 이야기를 늘어놓지.

"방금 김 부장님이 말씀하신 건 잘못된 것 같습니다. 실정을 모르시는 말씀이에요." "우리 회사 복지가 너무 엉망인 것 같아요. 부끄러울 정도죠." "평소 제가 관찰한 바에 따르면……." "이건 이번에 꼭 시정해주셨으면 해요."

구구절절이 옳고 상식적이고 회사 발전에 기여하는 발언일지라도 회의석상에서는 절대로 함께 자리한 이들의 인신공격이나 회사에 대한 비난성 발언, 평소에 바로잡고 싶은 사안들을 공개적으로 말해서는 안 된단다. 남자들은 회의에선 절대 심기를 건드릴 말은 하지 않는다. 그게 남성들의 규칙이고 관습법이다. 다양한 의견을 개진해 가장 바람직한 방향으로 이끄는 것이 회의의 이유이지만, 아직도 회의는 상사가 일방적으로 전달하고 부하들은 상사의 놀라운 식견과 지도편달에 감동하는 과정이 대부분이다.

신문기자로 일하다 대기업으로 옮겨 간부가 된 여성은 기업의 직원으로 가장 적응하기 어려웠던 것이 '회의'였다고 했다.

"처음엔 회사에서 제 목소리를 내고 존재감을 보여줘야야 하는 강박관념에 회의석상에서 마구 떠들었어요. 제안도 하고, 문제점을 지적도 하고, 상대의 의견에 반박도 하고……. 나중에 보니 그렇게 거침없이 말하는 사람은 저뿐이었어요. 그리고 정작 남자들은 회의가 끝난 후에 '상무님, 드릴 말씀이 있습니다'라거나 '아차차, 아까 말씀 못 드렸는데요. 그거 서면으로 제출할까요?' 등 사후 처리를 하더군요. 절대 회의에서 낯붉힐 이야기를 하지 않아요. 회의는 그야말로 회의를 위한 자리일 뿐 문제해결은 그 후에 이뤄진답니다. 여성들은 그걸 잘 몰라 미움을 받거나 좌절하는 것 같아요."

회의에서 미처 하지 못한 말은 나중에 언제라도 전할 수 있지만, 회의에서 일단 내뱉어 주위를 썰렁하게 한 말은 주워 담을 길이 없단다. 회의에선 가능한 고개를 끄덕여 동조의 눈빛을 보내고, 모나리자처럼 모호한 미소만 짓는 게 낫다. 혹시라도 다른 남성이 네가 한 말을 마치 자기 아이디어인 것처럼 말하면 그땐 "어머어머, 저럴 수가"라고 당황하지 말아라. 대신 웃으며 "어머, ㅇㅇ님도 제 의견에 그렇게 동의해주시는군요. 감사합니다"라고 말하렴.

진정한 실력은 회의가 아니라 일로 보여주면 된단다. 참 씁쓸하지만, 대한민국의 현실에서, 아직은 그렇다는 말이다.

그 말을 네가 듣는다면 어떨까

"우리 조만간 만나서 남의 살 먹으면서 남의 얘기 즐겨봐요."

엄마랑 친한 후배가 곧 만나서 고기를 먹으며 다른 사람의 뒷담화를 나누자며 한 말이다. 사실 남의 말을 하는 것처럼 맛있고 재미있는 취미생활도 드문 것 같다. 연예인은 물론이고 친구, 동료, 사돈의 팔촌까지 남들에 관한 이야기를 하느라 우리는 참 많은 시간을 소모한다.

"걔 완전 인조인간이야. 눈도 쌍꺼풀 수술한 거구, 코도 손본 거야. 고등학교 졸업사진 보면 몰라본다니까." "경주한테 들었는데 연희가 완전 여우라더라. 이 남자 저 남자 양다리는 기본이고 이용가치 있으면 어떻게든 자기 사람으로 만든대." "세상 참 좁다니까. 어제 우리 고모 만났는데 글쎄 주희 엄마가 우리 고모 후배래. 근데 주희 엄마가 첫째 부인이 아니래. 그러니까 첩의 자식인 셈이지."

　반백년을 넘게 살아 하늘의 뜻을 알 나이가 된 나도 여전히 이렇게 남의 이야기에 탐닉한단다. 네게 엄마로서, 사회의 선배로서 참 부끄럽지만 말이야.

　그런데 이렇게 다른 사람에 대해 별 생각 없이, 혹은 약간의 뼈와 가시를 갖고 한 말이 나중에 엄청난 영향을 미치게 되더구나. 어떤 이는 삼자대면을 하며 싸움을 하고 어떤 친구는 수십 년 우정을 끊기도 하고, 잘못 전해준 말 때문에 이혼하는 부부의 사례도 봤다. 극단적인 경우이긴 하지만 자기 흉을 보는 친구를 살해한 사건도 있었다.

　나 역시 온갖 정보가 모이는 언론사에 근무하다 보니 각종 소문들을 많이 듣고 전달하는 입장이지만 정작 나에 대한 뒷담화를 전해 들었을 때는 피가 솟구치는 것 같았어. 그게 악의적인 말이 아니고 전혀 엉뚱한 이야기가 아닐지라도 마음이 상하더구나. 나에 관한 얘기들은 주로 이런 것들이다.

　이혼했다(사회생활이 분주하고 활동이 많으니 정상적인 가정생활이 유지되기 힘들 거라고 추측한 듯. 그러나 우리 부부가 얼마나 게으른지는 잘 모르는 듯), 성형수술을 했다(천연산인데도 쌍꺼풀과 콧등이 높은 코가 부자연스럽긴 하지), 신문사 외의 부업으로 한 달에 수천만 원을 번다(부수입이 많긴 하지만 그 정도는 아닌데. 그러니까 말이 씨가 된다고 이 소문들이 꼭 현실이 되길 간절히 기도한다), 욕심이 많다(이것저것 하는 일이 많아 그렇지만 그건 우유부단한 성격이라 거절을 못해 그런 거고 욕심은 식욕밖에 없는데), 기사 달린 고급승용차가 있다(외부 강의 갈 때 내가 운전을 못해 차를 보내주는데 렌트카는 다 대형고급차다)…….

때론 이런 말들이 나와 절친한 사람들 입에서 나와 더 억장이 무너지더구나. 그래서 이젠 남의 말을 할 때 정말 신중하게 한 번 더 생각하고 말을 해야겠다고 결심했단다. 다행히 네가 엄마인 나보다 남들 생활에 관심 없는 아버지의 유전자를 닮아 남의 비난을 잘 하지 않아 다행이긴 하지만, 사회생활을 하다 보면 자연스럽게 남의 말에 휩쓸리게 된다.

남의 말을 하고 싶어 입술 근육이 근질근질거리고, 주변에서도 "말해봐. 넌 알잖아"라고 유혹을 해도 입을 열기 전에 이런 것들을 먼저 고려해야 한다. 즉 네가 한 말이 남의 명예를 손상시키는 건 아닌가, 사실에 근거한다 해도 좋지 못한 내용은 아닌가, 혹시 거짓말과 유언비어는 아닌가 등을 신중히 따져봐야 한다. 스위스의 신학자 조나단 래버트도 "확실치 않다면 남의 단점에 대해 이야기하지 마라. 확실하다면 뭣 때문에 그 얘기를 하는지 스스로 물어보라"라는 말을 했다.

그래서 난 '헤어뉴스'의 이신자 원장과 스타일리스트 정윤기 씨를 존경한다. 이신자 원장의 미용실에는 대한민국의 내로라하는 재벌 가족들이 드나든다. 톱스타들도 단골이지만 단 한 번도 그곳에서 소문이 나온 적이 없다. 이신자 원장의 철저한 보안과 무거운 입 덕분이다.

김혜수, 고소영, 권상우, 정우성 등 연예인들의 스타일링을 도맡아

같이 생활하다시피 하는 정윤기 씨는 연예인들의 사생활을 다 알 텐데 어떻게 비밀을 지키느냐는 한심한 내 질문에 웃으며 말하더구나.

"제 배가 불룩한 것이 뱃속에 비밀이 가득해서래요. 그래도 그들이 날 믿고 해준 말이니까 절대 다른 사람에게 안 전하죠."

그런데 악의 없이 사실대로 좋은 이야기를 해도 그게 상처를 주기도 한단다.

"어제 국장님 집에 갔는데 정말 음식도 잘 장만했고 인테리어도 센스 있더라."

이건 분명히 덕담인데 정작 그곳에 초대받지 못한 사람은 섭섭함과 소외감을 느낄 수 있지.

그럼 대체 무슨 말을 어떻게 하란 말이냐고? 지구 온난화, 북한 핵문제, 녹색성장, 기아에 시달리는 빈민국 아이들, 난해한 철학자들의 이론, 프로이트와 융의 심리학 등에 대해서만 말하고 살아야 하냐고? 그건 아니다. 그리고 절대 남의 이야기를 하지 않는 사람도 정상은 아니다. 다만 남의 말을 하기 전에, 그 사람이 만약 투명인간이 되어 우리가 하는 이야기를 듣는다면 그때도 떳떳하게 할 수 있는지를 생각해보란 말이다. 혹은 누가 내 말을 하더라며 전해주었을 때 어떤 느낌인지도 되새겨본 다음에 꼭 전해줄 이야기만 하는 게 낫다.

어떤 이는 자기 자랑을 위해 남들이 한 말을 전할 때도 있다.

"네가 내 동창이랬더니 너무 놀라더라. 그 사람은 네가 내 선배가 아니라 은사인 줄 알았대. 호호호." "그 선배가 왜 나같이 얌전한 애가 너

같은 날라리랑 친하냐고 신기해하더라."

잠시 자신이 우쭐할 수 있지만 그 말을 전해 들은 사람의 심정은 어떨까.

모든 사람들이 다른 사람들에 대해 했던 말을 다 듣게 된다면 이 세상에 단 3, 4명의 친구도 남지 않게 된다.

파스칼도 이런 말을 했다. 성경에 나온 말처럼 다른 사람에게 대접받고 싶은 만큼 남을 대접하듯, 내가 남에게 듣고 싶은 말을 남들에게 해주면 모두 행복해진다. 아무개는 정말 친절하다, 누구는 속이 깊다, 그 친구는 정말 의리가 있다 등등 좋은 말만 하고 살기에도 인생은 참 짧단다.

처음엔 속이 느끼하고 어색할지 모르지만 자꾸 덕담을 연습하다 보면 표정도 바뀌고 인생도 달라질 거야. 내 이야기가 아니라 훌륭한 철학자들이 한 말씀이니 맞을 게다. 엄마도 죽을 때까지 노력할 과제이긴 하다만…….

험담에 휩쓸리지 않으려면

딸아. 네가 아무리 남들에게 덕담과 칭찬을 하고, 네가 조신한 행동으로 일관해도 때론 네가 남들의 입 도마에 오를 수도 있다. 혹은 네가 험담을 공유했다는 오해를 받게도 된다. 사회엔 곳곳에 지뢰 같은 인간들이 있기 때문이란다.

언젠가 기업체 여성 간부들의 모임 'WIN'을 이끄는 손병옥 회장을 만나 '조직에서 가장 나쁜 직원은 어떤 유형인가'란 질문을 던졌더니 이렇게 답하더구나.

"남의 험담을 즐기는 사람이죠. 무능한 직원은 조직을 비효율적으로 만들지만 노력만 하면 개선의 여지가 있어요. 하지만 수시로 이 사람 저 사람의 흉을 보고 험담을 전하는 이들은 조직을 망가뜨려요. 가장 경계해야 할 대상입니다."

그 말을 듣고 양심의 가책을 느꼈다. 강도에 차이는 있으나 나도 고의적으로 혹은 무의식적으로 험담을 나눠왔기 때문이다. 물론 나만이 아니라 많은 이들이 사회생활을 하다 보면 타인에 대한 덕담과 칭찬, 격려의 말을 하기보다 비난, 비평, 악담과 근거 없는 소문을 나누게 되는 경우가 많다. 본인의 입으로 직접 하지 않아도 다른 사람이 전하는 험담에 동조하게 되기 쉽다.

"우리 국장, 너무 이상하지 않아? 사장 앞에선 벌벌 떨면서 우리 앞에선 온갖 잘난 척을 다 하고 말야. 저렇게 머리 나쁜 사람이 부지런한 게 제일 위험한 거야." "은화랑 국장이랑 보통 사이가 아닌가 봐. 여우같이 애교를 떠니 안 예뻐할 수도 없겠지만."

이런 이야기를 누가 하면 "국장님은 그런 분이 아니십니다" "은화 씨가 애교는 있지만 행실이 나쁜 사람은 아니죠"라고 해명하거나 "그런 말, 듣기 거북하군요"라며 단호히 자리를 박차고 떠나기도 힘들다. 그래서 "그러게요" "저도 어디서 그런 이야기를 듣긴 했어요"라고 아무 생각 없이 맞장구를 치게 된다. 그런데 그런 소극적인 동조마저 때론 커다란 파장을 일으키게 된단다.

나 역시 첫 직장에서 신입사원 시절에 이런 경험을 한 적이 있다. 한 선배가 이것저것 일도 잘 지도해주고 밥도 잘 사주길래, 막연히 날 예뻔하다고 혼자 착각하고 있었다. 그런데 그 선배는 항상 이런 식으로 말을 했다.

"A가 걱정이야. 다른 애들이 걔가 너무 내숭을 떤다고 말들이 많더라." "다른 사람들이 그러는데 김 차장이 일을 제대로 지시하지 않는다면서? 네가 보기에도 그러니?"

'사람들이 다들 말하기를'이란 전제를 달길래 난 순진하게도 그게 공론인 줄 알았다. 그래서 별 생각 없이 "뭐 좀 그런 경향이 있죠" "맞아요. 아무래도 좀 그랬어요"라고 말했다. 그런데 얼마 후 A가 심각한 얼굴로 차를 마시자고 하더구나. 그러더니 "왜 그렇게 뒤에서 제 흉을 봐요? 김 선배가 그러는데 제가 내숭을 떤다고 했다면서요?"라고 따지는 거다. 그 선배는 청초한 표정으로 그 친구에게 가서 "인경이가 그러는데 네가 좀 내숭과라더라"고 말을 전한 거였다. 난 그냥 맞장구만 쳤을 뿐인데 졸지에 동료를 내숭덩어리로 흉본 심술쟁이 동료가 돼 있었다. 그게 엄마가 그 직장을 떠나는 데도 영향을 미친 것 같다. 그런 경험을 한 후에 험담을 하는 이들 앞에선 그냥 모호한 미소만 짓는 것으로 위기를 모면하고 있다.

유명 연예인, 대학교수, 대기업 임원 등 너무나 대단한 이들이 자살을 하는 사건도 알고 보니 불치병 등 엄청난 고통이 있어서가 아니더라. 동료가 회사에 보낸 투서, 자기를 둘러싼 험담을 감당할 길이 없어 자살에 이른 것이다. 한두 명의 험담이라도 그들에겐 온 세상 사람들이 자기에게 화살을 보내고 불신한다고 느껴지기 때문이지.

한 여성은 험담을 일삼는 동료 때문에 신경정신과 상담까지 받았다고 했다. 입사 동기가 수시로 회사 사람들에게 "아무개가 과거에 좀 놀았다더라" "내 기획안을 완전히 베꼈다" 등의 근거 없는 말들을 때론 농담처럼, 때론 아주 심각하게 하고 다녔기 때문이지.

처음엔 대수롭지 않게 여겼지만 과장 승진을 앞두고는 험담 수준과 빈도가 늘어나 그녀의 귀에 수시로 들려왔다. 직접 대면해 "왜 그렇게 내 욕을 하고 다니냐"라고 따져도 눈을 동그랗게 뜨고 "무슨 말이니? 오해야. 내가 너한테 왜 그런 말을 하겠어"라고 거짓말을 해서 더 이상 대화도 불가능했다. 그렇다고 그 동료가 거짓말쟁이란 말을 해봤자 더 우스워질 것 같아 혼자 속으로 삭이다가 화병까지 생겼다고 한다. 꿈에도 그 동기가 악마 같은 모습으로 등장해 괴롭히고 회사에서도 그의 웃음소리만 들어도 소름이 끼친다고 했다. 그런 스트레스에 시달리다 두통까지 심해져 신경정신과 상담을 받았고 요즘은 명상 수련까지 한다고 했다.

"그렇게라도 제 마음을 다스리지 않으면 미칠 것 같았어요. 아니면 그 친구에게 무슨 일을 꼭 저지를 것 같았어요. 그 친구는 습관처럼 거짓 험담을 늘어놓았지만 제겐 죽음처럼 고통을 줬어요. 회사를 그만두려고 했지만 그 사람 때문에 제 인생을 망가뜨릴 순 없죠."

말은 이렇게 무섭단다. 무심코 했건 작정하고 했건 그 말이 상대에게 비수가 되어 꽂히면 이후 일어날 일은 아무도 알 수가 없다. 탈무드엔 "험담은 살인보다 위험하다. 살인은 한 사람만 죽이지만 험담은 세 사람을 죽인다. 퍼뜨린 사람, 듣는 사람, 험담의 대상이 된 사람이 그것이다"란 말도 있다.

그런데도 험담, 특히 직장 험담은 아직도 마치 직장 생활의 필수불가결한 요소처럼 돼 있다. 최근 영국의 설문조사 업체 원폴이 2천여 명을 대상으로 진행한 설문조사에서도 3분의 2에 해당하는 상당수 직장인들이 정기적으로 자신의 직장 동료를 험담하고 있는 것으로 조사됐다. 3분의 1 정도의 직장인들은 심각하게 동료를 싫어해서 이들과 함께 어울리고 싶어 하지도 않는 것으로 나타났다. 사실 술자리나 티타임에 북한 핵문제와 지구평화, 정의란 무엇인가를 논하는 것보다는 직장 상사나 동료에 대한 아름답지 않은 이야기를 나누는 것이 직장 생활의 활력소는 아니더라도 스트레스 해소에 도움이 되긴 한다. 동료들과 너비아니 다지듯 상사를 잘근잘근 다진 다음 날엔 양심의 가책 때문에 그 상사에게 더 공손하게 대하고 커피라도 뽑아주는 착한 태도를 보이게 된다.

그러나 험담은 악성 바이러스처럼 자기도 모르는 사이에 감염되어 치명적 상처를 입게 된다. 자신이 가해자가 되건 피해자가 되건 상처는 마찬가지다. 그러니 절대 그 험담 이야기에 개입해서는 안 된다. 험담의 물꼬가 터졌을 때라도 맞장구를 쳐줄 필요가 없다. 습관처럼 남의 험담을 퍼뜨리는 이들은 대부분 성격이나 정신적 문제가 있는 이들이다. 이들에게 동화되어 공범, 혹은 억울하게 주범 역할로 몰려 사회생활의 장애는 물론 인격까지 망가뜨릴 이유는 없다. 그때는 살짝 자리를 피하거나 기술적으로 대화의 주제를 바꿀 필요가 있다.

언젠가 전직 고위관료의 모임이 있었다. 한 관료가 과거 자신의 동료였던 사람에 대해 "그 인간은 말이야, 알고 보면 참 비열한 사람이야"라는 식으로 험담을 시작하려 하자 곁에 있던 부인이 "여보, 그런데 이 와인이 뭐죠? 아주 맛이 근사하네요. 당신이 와인 박사니까 어떤 와인인지 설명 좀 해줘요"라고 와인 병을 그분에게 전했다. 얼떨결에 와인 병을 받은 그 관료는 "응, 이 와인은 말이야……"라며 와인에 대해 자신의 지식과 정보를 자랑했다. 모임 후에 그 부인은 "와인 이야기 지루하셨죠? 나이가 드니까 남편이 자꾸 말이 많아지고 험담도 잘해요. 그래서 와인으로 화제를 돌린 거예요. 이해해주세요"라고 말했다.

우리의 삶을 풍요롭고 평화롭게 만드는 것은 지식보다 이런 지혜가 아닐까. 이런 지혜를 얻기까지 엄청난 내공이 필요하니 적어도 남에 대한 험담은 하지 않는 습관이라도 키워야 한단다. 잠시는 깨소금 맛일지 모르지만, 그게 결국 네게 독약이 된다는 걸 명심해라.

정직이 가장 경제적이다

 딸아, 난 널 믿는다. 내 친딸이어서가 아니라 평소 엄마인 내겐 정직한 태도를 보였기 때문이다.

 이런 말을 하면 너는 속으로 '저런, 내가 얼마나 거짓말을 많이 했는데……'라며 가슴이 뜨끔하거나 멍청한 이 엄마를 우습게 여길지도 모르겠다. 물론 내게 일부러 말하지 않은 것도 많고, 적당히 둘러대거나 부풀려서 혹은 축소해서 말한 것도 많을 거다.

 그러나 대부분의 경우 너는 내게 정직했다. 친구 집에 간다고 하고 클럽에 간다든가 남자친구랑 여행가는 일도 하지 않았고, 필요한 게 있으면 당당하게 요구했으니까 나중에 탄로 나서 서로 얼굴 붉힌 일이 없었다. 그렇게 내게 쌓아둔 신뢰의 결과로 네가 뭘 해달라고 요구하면 대부분 들어주려고 하고(적어도 마음은 그렇다는 거다. 프랑스에서도 한국 인터넷 쇼핑몰에서 주문을 하는 네가 입금하라는 부탁에도 기꺼이 들어주지 않던?) 네가 하려는 일에도 적극 지지를 보냈다. 너의 정직이 받는 보상이자 선물이다. 물론 네 기대감에 비해서 보상은 좀 적다고 생각하겠지만······.

이렇게 정직을 강조하는 이유는 사회생활을 통해 체득한 것 중의 하나가 정직이 최선이고 정직이 가장 경제적이란 걸 깨달았기 때문이다. 너무 쉽고 간단하게 거짓말을 한 다음에 그걸 뒷수습하고 신용을 회복하기 위해선 엄청난 시간과 돈이 들고 한번 '거짓말쟁이'로 낙인찍히면 문신을 지우는 것보다 힘들단다.

우리나라에선 헌법보다 더 무서운 게 국민정서법이다. 유난히 동정심이 강하고 약자에 관대한 한국인들은 누가 중죄를 지어도 눈물로 잘못했다고 반성하면 용서해주지만 거짓말엔 유독 거부반응을 보인다. 학력위조 사건의 신정아, 줄기세포 사태의 황우석 박사 등은 실력이 없어서가 아니라 거짓말을 했기 때문에 그토록 논란이 되고 비난을 받는 거다.

장관 등 정치인이 청문회에 등장했을 때도 이젠 어지간한 실수나 과오는 덮어주는데 그 현장에서 거짓말을 하면 용서가 안 된다. 얼마 전 모 후보가 자신의 아들 결혼식을 '소박한 교외에서' 했다고 했는데 알고 보니 초호화 호텔 예식장에서 한 게 밝혀져 결정적으로 물러난 적이 있다. 호텔에서 결혼시킨 건 죄가 아니지만 그냥 검소하게 보이려고 한 거짓말이 그 자리에 못 오르게 한 결정타가 됐다.

물론 처절한 진실이나 솔직함보다 달콤한 거짓말이 나을 때도 있다. 이상한 옷차림에도 "구역질나는 옷이군요"란 냉정한 평가보다 "독특한 개성이 느껴지네요"라고 한다거나, 서류를 빨리 내놓으라고 닦달하는 상사에게 "아직 시작도 못 했어요"라고 고백하기보다 "조금만 기다리시면 곧 드리겠습니다"라고 말하고 일단 시간을 버는 게 낫다. 너의 "엄마가 제일 예뻐" "엄마는 세계, 아니 이 우주에서 제일 귀여운 사람이야"란 거짓말은 자주 할수록 좋다.

얼마 전에 한 남자 후배를 만났단다. 신혼이라 깨소금을 볶고 마냥 행복한 표정을 지어야 할 그 후배는 한숨을 쉬며 하소연을 하더구나.

"아내에게 너무 실망해서 어쩔 줄을 모르겠어요. 우린 맞선으로 만났지만 보자마자 맘에 들어서 결혼을 서둘렀잖아요. 결혼 전에 처가에 가니 장모님이 '자네는 무슨 복이 그리 많은가. 우리 애는 요즘 보기 드문 천연미인에다 품행도 바르고······' 등등 자랑을 하시더라구요. 그런데 며칠 전에 잠자다 화장실에 가려고 일어났는데 아내 휴대폰에 문자가 온 거예요. 무심코 봤더니 한 친구가 '나도 네가 수술한 병원에서 할 건데 같이 가줘. 네 코랑 눈은 정말 자연스러워'란 내용이었어요. 세상에 장모가 천연미인이란 말만 안 했어도 괜찮아요. 요즘 성형수술 한 게 뭐 흉인가요. 근데 왜 거짓말을 한 건지, 다른 건 또 뭘 속였을까 생각하니 모든 게 다 의심스러운 거예요. 과거야 그렇다 쳐도 앞으로 또 무슨 거짓말을 할까 걱정도 되고……."

후배에겐 "그 정도는 애교로 봐주고 다음에도 천연미인이라고 주장하면 '장모님도 천연이시겠죠?'라고 슬쩍 말해봐"라는 조언만 했다.

전에 한 대학원생은 이런 고민을 털어놓은 적이 있다. 교수님의 부탁으로 다른 교수님의 일을 도왔는데 과분한 사례비를 주며 이렇게 말씀하셨다고 한다.

"이건 그냥 내가 주는 용돈이니까 자네 교수에게 말 안 해도 되네."

그 돈을 그 교수님 말씀대로 혼자 사용해도 되는지, 혹은 자기 교수님께 그대로 보고해야 하는지 잘 모르겠다고 하더구나. 사소한 일이고 친구 교수 분이 말 안 해도 된다고 했지만, 공금이 아니더라도 돈과 관련해서는 투명하고 솔직한 태도를 보이는 게 좋다.

"그 교수님께서 수고했다고 돈을 주셨는데 너무 많은 것 같아서요."

이렇게 말하고 돈을 드리면 "고맙다. 내가 요긴하게 쓰마"라고 할 치사한 교수나 상사는 드물다. 당연히 "그거야 자네에게 준 돈이니 당연히 자네 거야"라고 말할 거고 그 제자에 대한 호감은 물론 신뢰도도 높아질 거다.

누구나 실수는 한다. 실수를 저질렀을 때도 마찬가지다. 재빨리 찾아가서 "죄송합니다. 제 실수로 이런 일을 저질렀습니다. 이러저러하게 해결하겠습니다"라고 하면 대부분은 용서를 해준다. 그게 회사에 거액의 손실을 일으킨 일이나 혹은 거래처의 주요 인사들에게 불쾌한 인상을 준 일이라고 해도 자신의 잘못을 인정하고, 정직하게 털어놓으면 한두 번은 그럴 수 있다고 이해해주는 게 우리 정서이자 풍토다.

자신은 확신에 차서 감쪽같이 거짓말을 했다고 해도 신기하게도 거짓말을 하면 티가 난다. 눈동자가 흔들리거나 손을 자꾸 주무르거나 목소리의 파장이 달라진다는 게 각종 실험결과 나타났다. 빌 클린턴 대통령도 청문회를 할 때 녹화한 장면을 분석해보니 거짓말을 할 때는 자꾸 코를 만지작거려 '클린턴은 (거짓말하면 코가 커지는) 피노키오'란 별명을 얻기도 했다.

미국 기업체 사장들을 대상으로 바람직한 인재에 대해 기대하는 요소들이 무엇이냐는 질문에 이런 답이 나왔다고 한다. 첫째는 높은 윤리성과 업무 기준, 둘째는 조직 기여도, 셋째는 정직, 그리고 10위가 창의성 순이었다. 미국 기업체 대표들은 이처럼 윤리성과 정직을 가장 중요한 가치로 여긴다. 아무리 창의성이 뛰어나고, 아무리 열정적이어도 정직하지 못하면 언제 기업의 기밀문서를 빼낼지도 모르고, 임기응변의 거짓말로 더 큰 재앙을 가져올지 모르기 때문이다.

부모님께 혼날까 봐, 친구가 미워할까 봐, 상사가 화낼까 봐, 애인이 오해할까 봐 자기도 모르게 슬쩍 내뱉은 거짓말을 만회하기 위해 나중에 시간과 돈, 그리고 여러 가지 행동들로 엄청난 비용이 들어간단다. 거듭 강조하지만 '정직이 가장 경제적'이다.

오늘도 순간순간 달콤한 거짓말의 유혹에 고민할지도 모르는 너에게 세르반테스의 시를 들려주고 싶다.

정직함은 진실을 사랑하는 마음에서 나온다.
정직함은 최고의 처세술이다.
정직만큼 풍요로운 재산은 없다.
정직은 사회생활에 있어서 지켜야 할 최소한의 도덕률이다.
하늘은 정직한 사람을 도울 수밖에 없다.
정직한 사람은 신이 만든 것 중 최상의 작품이기 때문이다.

난 네가 신이 만든 최상의 작품이라고 믿고 싶다. 비록 생산공장인 이 엄마는 부실할지언정…….

서툰 위로는 상처를 준다

예전에 한승인 변호사가 김대중 전 대통령께서 서거하시기 얼마 전까지 만난 이야기를 해주셨다.

"병상에서도 김 전 대통령의 유머감각은 여전하셨어요. 제게 '한 변호사, 난 요즘 집사람한테 좀 섭섭합니다. 이 사람이 내 곁에서 날마다 기도를 하는데 하나님 우리 남편을 꼭 살려달라고 기도하는 게 아니라 하나님 뜻대로 하옵소서라고 하거든요. 빨리 죽으란 말인지, 더 살란 뜻인지'라면서 미소 지어 보이셨어요. 빨리 쾌차하시라고 위로의 말을 전하러 갔다가 제가 오히려 더 큰 위로를 받고 왔습니다."

사람들이 던지는 수많은 말 중에 가장 아름다운 말은 따스한 위로가 아닐까.

　암투병 중인 이해인 수녀도 한 잡지에 자신이 받은 위로의 말에 대한 글을 썼다. 평생 기도로만 살아온 이해인 수녀도 정작 병상에 누워 있을 때 찾아온 이들이 그저 기도만 하고 또 "열심히 기도하세요"라고 하는 말이 야속하게 들리더란다. 오히려 강남 성모병원의 옆방에 입원 중이던 김수환 추기경이 담담히 건넨 말에서 위안을 받았다고 한다. 김 추기경은 이해인 수녀가 옆방에 입원한 걸 알고 부르셨다.

　"제가 영광스런 마음으로 그분의 방에 갔을 때 추기경님이 저한테 물으셨습니다. '수녀도 항암이란 걸 하나?' 그래서 제가 '항암만 합니까. 방사선도 하는데'라고 대답했더니 추기경님은 무언가 가만히 생각하시는 듯했습니다. 저는 추기경님이 주님을 위해서 고통을 참아라, 그런 말씀을 하실 줄 알았습니다. 그런데 대단한 성직자이고 덕이 깊은 그분의 입에서 나온 말씀은 주님이라든가 신앙, 거룩함, 기도 같은 것이 아니었습니다. 추기경님은 이렇게 딱 한마디 하셨습니다. '그래? 대단하다. 수녀.' 그 한마디, 인간적인 위로가 제게는 큰 감동으로 다가왔습니다."

　내게 기쁜 일이 생겨 축하가 쏟아질 때는 그 축하의 말들이 별로 귀에 들어오지 않는다. 상을 타거나 승진했을 땐 내 기쁨과 행복에 겨워 "이거 주최 측 농간 아냐? 네가 왜 그런 상을 받아?" "넌 정말 실력이 뛰어난가 보다. 그 미모로도 승진을 하니 말이다" 등 비아냥을 들어도 승자로서의 관대함으로 다 이해가 되지. 다만 내가 상처받고 아프고 고통스러울 때 듣는 한마디 한마디는 너무 따스한 위안이 되기도 하고 때론 상상 이상으로 비수처럼 아픔을 주기도 한단다.

얼마 전에 엄마 친구가 너무 환한 목소리로 전화를 걸어왔다. 남편과 2년 정도 별거한 친구였다.

"나 남편이랑 재결합하기로 어제 결정했어. 네게 제일 먼저 소식 전하는 거야. 내가 이혼하고 싶다고 했을 때 남들은 '미쳤냐' 혹은 '잘했다. 하루라도 빨리 결정을 내려'라고 했는데 넌 '네 의견을 존중하고 네가 행복하길 바라지만 네 남편도 괜찮은 남자야. 마무리 잘 해'라고 했잖아. 서로 떨어져 살다 보니 서로의 귀중함을 알게 됐고 객관적으로도 괜찮은 남자란 걸 다시 알게 됐어. 고마워."

아, 경솔한 말을 잘해 늘 후회하는 내가 그땐 제법 적절한 말을 했던 모양이구나.

누구나 주변엔 애인과 결별한 친구, 시험에서 떨어져 좌절한 후배, 우연히 사고를 당해 입원한 동료들이 많다. 그때 위로한답시고 "잘했다. 솔직히 그 남자 너한테 어울리지도 않고 좀 치졸해 보였어, 축하해" "수재들도 2, 3년 걸리는 고시에 네 머리로 단 한 번에 붙길 기대한 건 아니겠지? 몇 년 더 버텨봐" "아니 얼굴을 다쳤으면 이 기회에 다 뜯어 고쳤을 텐데 왜 다리를 다쳤어?" 등등의 말을 건네면 자칫 평생 원수로 지내게도 된다. 때론 말 못하는 강아지가 말 잘하는 사람보다 훨씬 위안이 된다는 거 아니? 적어도 심술궂거나 상황에 맞지 않는 엉뚱한 말은 안 하기 때문이다.

우리나라 초기 정신과 의사였던 최신해 박사의 일화가 떠오른다. 그분은 미국 병원에서 근무할 때 그 병원 환자들로부터 올해의 명의로 뽑혔다. 영어 실력이 뛰어난 것도 아니고 다른 명의처럼 현란한 수술을 하는 분도 아니었는데 명의로 선정된 비결은 뭘까. 그분은 우울증, 망상증, 강박증 등으로 시달리는 환자들이 무슨 말을 해도 "아, 그렇군요" "저런, 그랬군요" "음…… 그것 참……" "당신이 맞아요" 등의 맞장구만 쳐주었다. 그런데도 그의 다정한 눈빛과 고개를 끄덕여 마음을 전해주는 태도에 환자들은 병이 반쯤은 나았다고 한다.

이해인 수녀는 작고 사소하지만 아름다운 말의 위력을 강조하면서 이렇게 말했다.

음식점에 가서 차림표를 보고 뭘 먹을까 고민하는 것처럼 매일 누군가와 말을 할 때도 메뉴가 있어야 한다고 생각합니다. 기쁨을 경험한 사람에게는 기쁨의 덕담을 해주고 슬픔에 잠긴 사람에게는 슬픔에 어울리는 위로의 말을 해줘야 합니다. 내 마음의 수첩에 고운 말 언어의 차림표를 만들어 연습해보면 어떨까요. 날마다 새롭게 결심하고 새롭게 사랑하고 새롭게 마음을 선택하고 새롭게 고운 말을 연습하는 것은 우리의 의무이고 책임입니다.

입에서 나온 말은 금방 사라지는 것 같지만 때론 어떤 이의 마음을 따뜻하게 만들기도 하고 때론 심장에 비수처럼 내리꽂히기도 한다.

  엄마도 이해인 수녀처럼 고운 말을 늘 연습해야겠다. 고운 말은 고운 마음에서 나온다는 것도 잊지 말아라.

술자리를 적당히 즐기는 사람의 매력

네가 와인을 몇 잔 마셨다고 했을 때 난 혼자 박수를 쳤다. 드디어 네가 비주류가 아닌 주류(?)에 편입했기 때문이다.

맥주 한 잔에도 얼굴이 홍시처럼 빨개져 어쩔 줄 모르던 네가 와인을 마시고도 멀쩡하다니 너무 대견하고 기뻤다. 프랑스 파리에서 와인을 자연스럽게 만난 것도 공부만큼 행운이고 기회라고 생각한다. 그냥 아무 술이나 벌컥벌컥 마시는 것이 아니라 맛을 음미하고 어떤 향인지 알기 위해 후각 등 오감을 동원하는 와인의 세계에 입문한 것이 부럽다. 이제 시작이구나!

나는 사회생활, 그것도 거친 남성세계인 언론사에 근무하면서도 술을 잘 못 마신다. 처음엔 안 마셨는데 이젠 못 마시게 됐다. 생긴 건 말 술을 마셔도 끄떡없게 생겨서 술 한 잔을 안 마셔서 처음엔 내숭떤다는 오해도 많이 받았다. 이젠 다들 그러려니 하고, 술값 아깝다고 잔도 주지 않아 좀 서글프기도 하다.

부모님이 술을 안 드시는 유전적 요인도 있겠지만 대학에 들어간 후 나의 묘한 오기 때문에 술과 멀어졌단다. 남학생들이 술자리에선 여학생들에게 "마셔, 마셔. 맥주가 어디 술이냐? 보리차 발효한 거지. 그리고 술도 좀 마실 줄 알아야 어른이 되는 거지"라는 식의 감언이설을 늘어놓으면서 정작 다음날엔 "미숙이 걘 완전 술독이더라" "아휴, 정미 술주정하는 거 봤냐? 어떤 남자가 그 애랑 결혼할지 미리 조의를 표한다" 등의 뒷말을 늘어놓더구나.

그런 남성들의 이중성이 역겨워 각종 회식에서 단호히 술을 거부했단다. 당시엔 어리고 귀여운(나이가 그랬다는 거다) 여대생이었으므로 술을 안 마신다, 못 마신다는 투정이 애교스럽게 보일 수도 있었고 돈이 없는 학생들이라 술값도 안 드니 별 탈이 없었다.

직장에 들어가서도 비슷했다. 평소엔 점잖고 고매한 인품을 자랑하던 분들도 술만 마시면 짐승 수준으로 변하고, 옆자리 사람에게 마구 뽀뽀를 퍼붓는 이상한 습관을 가진 사람, 술만 마시면 우는 사람, 무조건 쓰러져 자는 사람 등등 술에 취해서 추한 모습들을 보니 자연 술에 대한 거부감이 더 굳건해지더구나. 술을 권하면 가증스럽게 "집안이 엄격해서요"라거나 대범하게 "주사가 있어서 자제 중입니다" 등의 각종 핑계를 대면서 술을 마시지 않고 살아왔다. 덕분에 술로 인한 각종 질병들로부터는 안전하나 인간관계에는 문제가 있는 게 사실이다.

　남자들은 서로 다투거나 오해가 생길 때 선후해 사이라도 술 한잔 마시면서 푼다. 맨정신으로는 못할 말들도 술의 힘을 빌려서 "부장님은 왜 저만 미워하시는 거예요? 섭섭합니다" "그건 오해야, 오해. 내가 널 왜 미워하냐, 사랑하지" "선배, 사표 쓰고 싶어요. 더러워서 더 못 다니겠어요" "야야, 너만 힘드냐? 나도 힘들다. 위에선 누르지 밑에선 치받지" 등등의 이야기들을 술김에 진솔하게 털어놓고 나면 서로 이해도 하고 속이 풀리나 보다.

　난 술자리에는 참석해 콜라나 사이다를 마시며 열심히 안주만 먹다가 사람들의 눈동자가 살짝 풀리거나, 얼굴빛이 붉어지면 자리를 떠났다. 내일이면 제정신에 말짱한 얼굴로 봐야 할 텐데 왜 저렇게 헤롱거리나, 저 사람이 서울대에 하버드 출신 맞나, 왜 똑같은 이야기를 하염없이 반복하나, 술 취한 척하고 더듬는 건 또 무슨 짓거리인가 등등 도저히 비주류파인 나는 이해가 되지 않았기 때문이다.

　그런데 그건 정말 나의 옹졸하고 유치한 생각이었다. 술은 안 마시고 못 마시고 개인의 체질이나 취향과 상관없이 동료들끼리, 친구들끼리 모인 장소에서는 술 안 마시는 나 때문에 남들이 어색하거나 불편해할 수 있다는 것을 몰랐다. 남들은 거나하게 취해 있는데 나만 눈을 동그랗게 뜨고 '저 한심한 인간들……'이란 표정을 짓고 있으면 재수 없게 느껴질 게다.

한 선배로부터 들은 이야기는 좀 충격적이었단다.

"우리 회사에 이 부장 말이야. 평소엔 너무 차분하고 이지적인데 술만 좀 마시면 너무 달라지는 거야. 갑자기 애교스러워져 까르르 웃기도 하고 옆자리에 여자건 남자건 뽀뽀도 하고 또 노래방에 가면 벽을 타면서 격렬한 노래까지 부른다니까. 그런데 다음 날엔 완전히 요조숙녀가 되어서 '어젯밤 일은 전혀 기억이 안 나요'라고 하니 얼마나 귀여운지…… 볼수록 매력적이라니까."

술 마시는 여자들에 대해 비호감일 줄 알았는데 그게 아니더구나. 오히려 나처럼 술 절대 안 마신다고 유난을 떠는 게 역겹고 민폐일 수도 있다. 그리고 직장에서 승승장구하는 내 친구가 이런 말을 해준 적이 있다.

"너 내가 승진한 게 공짜로 된 줄 아니? 네가 술 안 마시고 네 자유시간을 가진 동안, 술값 아껴 명품가방을 사는 대신, 난 내 돈과 건강을 퍼부어서 직장의 단결력을 위해 애썼단다. 필름이 끊어진 적도 많고 남자후배 등에 업혀 집에 간 적도 많고 술 취해 목걸이며 팔찌 등을 잃어버려 재산 손실도 만만치 않았어. 그런데 확실한 건 내가 후배들 앞에서 이렇게 망가진 모습을 보이면 그들이 참 편안해하고 마음을 열더라. 그리고 여자이고 주부인데도 2차, 3차까지 끝까지 함께하면서 자리를 지켜주는 것에도 감동하는 것 같아. 야단치고 칭찬할 것도 술자리에서 하면 훨씬 부드럽게 해결되고 무엇보다 상사들이 볼 땐 여자이지만 리더십, 장악력이 있다고 판단한단다."

어디 직장에서뿐일까. 연애할 때도 그렇다. 와인이나 아니면 막걸리라도 마시며 "어머, 어지러워요"라며 연약한 듯한 대사를 날려주고 정신을 잃은 듯한 모습을 보여야 뽀뽀나 키스 등의 스킨십도 진도가 나가는데 가뜩이나 큰 눈을 희번덕거리며 "집에 갈래요. 내가 좋아하는 드라마, 오늘 마지막 회라 꼭 봐야 한다구요"라고 말하니 아무도 흑심을 드러내지 못했다.

토하면서, 두드러기가 나면서 술을 억지로 마실 이유는 없다. 그러나 술자리에서 누가 술을 주면 흔쾌히 받아두는 게 매너다. 그리곤 적당히 눈치 봐서 다른 그릇에 붓거나 용감한 흑기사를 요청하면 된다. 난 체험 못했지만 알코올이 주는 자유로움과 해방감, 감성의 풍요로움 등도 인생에 도움이 될 것 같다.

단, 절대 피할 사항들도 있다. 어떤 경우건 과해서 좋을 건 없다. 너무 취해 정신줄을 놓아버린다거나, 술만 마시면 울거나 토하거나 욕을 하고 옆 사람을 때리는 식의 습관이 들면 치명적이다. 모처럼 친구들과의 술자리에서는 긴장감을 늦추고 스트레스를 풀 필요가 있지만 회식이나 공적인 자리의 연장석인 곳에서 술에 취해 추태를 보이면 영원한 꼬리표가 따라다닌다. 술은 괴로울 때가 아니라 즐거울 때, 그리고 가능한 한 좋은 사람들과 마시는 게 좋다.

술을 전혀 안 마시는 사람보다는 하루에 와인 한 잔 정도는 마시는 사람이 건강하게 오래 산다기에 이제라도 인생관을 바꿔서 술을 마시려 했더니 정작 함께 술 마시자는 사람이 없는 현실……

아, 왜 인생은 이렇게 엇박자일까. 암튼 술의 세계에 입문한 너를 위해 건배!!!

인맥을
일부러 만들지 마라

저번에 엄마는 무척 상처받았다. 네 블로그에 친구 신청을 했다가 거절당해서.

네 프라이버시를 위해 페이스북엔 안 들어가지만, 네 블로그에 남들이 남긴 댓글을 읽어보려고 친구 신청을 한 건데……. 난 네 엄마이지 친구는 아닌데도 섭섭하더라. 그러면서도 넌 페이스북이나 트위터, 블로그의 친구 수를 늘이는 데 은근 신경을 쓰지.

언젠가 성공한 커리어우먼들이 여대생과 직장 초년생을 대상으로 자신의 경험담을 들려주는 행사가 있었단다.

보기에도 세련미가 뚝뚝 흐르고 에지 있는 패션으로 무장한 한 전문직 여성이 자신이 얼마나 다채로운 이들과 교류하며 네트워킹의 달인인지, 그리고 얼마나 노력하는지를 설명했다. 유명 대학의 최고 경영자 과정 동창회, 와인 동호회, 산악회, 동종업계 간부들의 모임을 유지하느라 일주일에 한두 번 조찬 모임에 참석하고 주말엔 골프도 치고 등산도 하며 친분을 쌓는다고 말이다. 질의응답 시간이 되자 한 여대생이 질문을 했다.

"그렇게 바쁜 일상을 보내시는데 친구들은 언제 만나시나요?"

그러자 그 전문직 여성의 당당한 자세가 살짝 흔들리더라. 그리고 그토록 확신에 찬 표정이 애매모호하게 바뀌었어.

"음…… 맞아요. 학교 동창이나 친구들을 만날 시간이 없어요. 만나도 관심사가 달라서 대화가 겉돌기도 하고요. 사실, 저 굉장히 외롭답니다. 호호호……."

사실 요즘은 가상의 친구 네트워크가 권력인 시대가 됐다. 트위터 팔로워가 백만이 넘는 작가 이외수 씨는 한때 트위터 대통령으로 등극했고, 페이스북, 트위터, 카카오스토리 등 사람들을 연결시켜주는 SNS의 팔로잉이나 친구 신청이 매우 중요한 화두가 됐지.

하지만 이런 차가운 인맥들은 별로 도움이 되지 않는 것 같다.

신문기자 생활을 30년 가까이 한 나의 가장 큰 재산은 '사람'이다. 어떤 기사를 취재하거나 정보를 얻을 때 사람들의 도움이 없이는 불가능하고 아이 키우기 등 개인생활에도 주변 사람들의 도움이 절대적이지. 신문사에서 일하면서 방송에 출연하고 잡지에 기고도 하고 강의도 하면서 각계각층의 사람들을 많이 알게 되어 본의 아니게 '마당발'이란 별명도 얻었다.

내가 만나는 이들은 정말 다채롭지. 대학생부터 팔순의 할머니, 조폭부터 전직 총리, 인기 연예인부터 점쟁이까지 연령대와 직업, 성격이 다 다르다. 어떤 이들은 "명색이 언론사 간부인데 왜 그렇게 사람을 가리지 않고 만나느냐"라고 우려의 눈빛을 보내기도 한다. 어떤 이는 "당신을 만나려는 사람이 아니라 당신이 만나야 할 사람, 당신에게 도움을 주고 필요로 하는 사람을 만나라"라는 충고도 한다.

맞는 말이다. 그런데 인맥은 그렇게 이해관계를 따지거나 일부러 만들려고 애쓴다고 맺어지는 게 아니더라. 세 살 아이에게도 뭔가 배울 것이 있듯 한심해 보이는 사람에게도 얻고 배울 게 있다. 그들이 내게 물질적인 혜택이나 승진의 기회를 주지 않아도 더 큰 지혜를 줄 때가 많았다. 또 확실히 나의 성공에 도움이 될 거라 굳게 믿었던 동아줄이 알고 보니 썩은 줄이라 끊기기도 하더구나.

물론 나의 성공에 디딤돌이 될 사람을 가려 만나서 그들에게 충성을 맹세하고 출세 가도를 달리는 것이 백 번 유리하다. 주변에서 줄을 잘 서거나 인맥을 활용해 대기업 간부로 승진하고, 전국구 국회의원이 되고, 공기업 감사로 가고, 대학 겸임교수 자리를 얻고, 중요한 위원회 위원으로 위촉되는 사례도 참 많이 봤다. 인맥 덕분에 어려운 계약도 성사시키고 억울한 사정이 해결되기도 한다.

그러나 그런 보답은 우리 둘 사이의 신뢰관계가 형성된 후의 일이란다. 평소엔 사심 없이 만나고, 서로 어려운 일이 생기면 도와주고, 어떤 말이건 잘 들어주면서 신뢰를 쌓아야 그들 역시 내 일을 자신의 일처럼 여기고 도와주려고 애쓴다. 또 여성들의 경우, 너무 목적을 갖고 접근하는 것이 느껴지면 오히려 경계심을 갖고 거리를 두게 된다.

일단 보답을 바라지 말고 내가 남들의 열렬한 후원자가 되는 게 필요하단다. 궂은 일, 귀찮은 부탁도 일단은 들어주고 다른 사람에게 전화해서 알아봐주는 정성 없이는 네트워킹이 이뤄지지 않는다. 그쪽에서 감사의 표현이나 보답을 하지 않는다고 서운해하거나 우정을 끊을 필요도 없다. 그 사람이 아니라 다른 사람이 대신 보답해주는 경우도 있고.

또 나만큼이나 내 주변이 잘되는 것을 진심으로 기뻐해야 한다. 내게 온 좋은 기회를 다른 사람에게 나눠줬다고 내 것을 뺏긴 것은 아니기 때문이다. 예전에 성교육 전문가인 구성애 선생을 만났을 때 그분은 거듭 고맙다고 말하더구나. 도무지 내가 그런 인사를 받을 만한 일을 한 것이 없어 갸우뚱거리자 이렇게 말했다.

"유 기자가 나를 추천했다고 하더군요. 그 덕분에 제가 유명해졌는데 어떻게 감사한 마음을 안 느껴요."

알고 보니 내가 아는 방송사 프로듀서가 성교육 전문가를 찾길래 방송에서 기가 막히게 성교육 강의를 하는 구성애 선생을 추천한 적이 있다. 그건 갑오개혁만큼이나 오래전 일이라 나도 잊었는데 구성애 선생은 잊지 못한 모양이다. 나는 도처에서 '이런 일에는 누가 적합한가'

를 묻는 이들이 많아 대책 없이 추천을 잘하는 편이다.

"유 기자는 별일 아니라고 생각하지만 누군가에게 기회를 주는 것이 쉽지 않아요. 친한 사람이 아니면 잘 모른다고 하고, 그 사람은 절대 안 된다고 하는 게 대부분이죠."

내가 각각 아는 사람들끼리 만나 시너지 효과를 얻을 수 있다는 판단이 들면 서로 소개시켜준다. 인간 복덕방 역할, 수수료는 전혀 없는 복덕방 아줌마 역할도 한다. 남들은 오지랖이 넓다고 하기도 하고 나중엔 그 둘이 나를 빼고 더 친해지는 경우도 있지만 난 기분 좋게 만남을 주선한다.

인맥은 양보다 질이 중요하단다. 1,000명의 페이스북 친구, 10만 명의 트위터 팔로워를 관리하느라 투자하는 시간에 가까운 친구에게 안부 전화를 하고 "감기는 좀 어때? 비타민 챙겨 먹어"라는 문자도 보내고 생일카드라도 챙기는 것이 낫다.

일당백을 하는 친구, 그냥 대충 박수쳐주는 팔로워가 아니라 집문서를 팔거나 장기를 내줄 신도들을 만들려면 너 역시 그들에게 충성과 진심을 맹세해야 한다. 인맥은 그 바탕이 신뢰다. 그런데 너, 정말 나를 블로그 친구로 안 받아줄 거니?

일단 요구해야 무슨 일이라도 생긴다

　독자들은 어떻게 기자들이 그 많은 사람들, 특히 유명하고 심지어 까다롭기까지 한 사람들을 인터뷰해서 기사를 쓰는지 신기한가 보더라. 국내 명사는 물론 해외 정상급 인물들과 해외 석학 등이 한국 신문의 인터뷰에 응해주는 이유는 뭘까. 너무나 간단하다. 나 같은 기자들이 인터뷰를 해달라고 '요청'했기 때문이다.
　어떤 기자들은 한두 번 거절을 당하면 포기하지만 다른 기자들은 본인에게 혹은 측근에게 계속 인터뷰를 해달라고 전화나 메일로 부탁한단다. 때론 몇 개월, 심지어 몇 년을 공을 들이기도 하지. 그래서 "지금은 때가 아니지만, 만약 인터뷰를 한다면 당신과 하겠다"는 약속을 받아내는 거란다.

80대에도 여전히 방송 앵커로 맹활약하는 바바라 월터스는 세계 유명인사를 인터뷰한 것으로 유명하다. 미국의 역대 대통령은 물론 숱한 지도자들과 슈퍼스타들을 인터뷰한 비결은 한두 번도 아니고 수년에 걸쳐 안부편지와 함께 "왜 당신이 (다른 사람이 아닌) 나와 인터뷰를 해야 하는지 아셔야 합니다"라고 간절히 쓴 인터뷰 요청 편지의 힘이 컸다. 거만해 보이는 할리우드 스타들에게도 이메일로 요청하면 너무 쉽게 답장을 보내주기도 한다.

얼마 전 신문에 보니 불치병을 앓고 있는 한 소녀가 반기문 유엔사무총장을 만난 기사가 실렸더구나. 그 소녀의 존재를 반기문 총장이 어떻게 알고 찾아갔을까. 소녀가 만나기를 간절하게 바라서, 지인이 반기문 총장에게 부탁해서다. 세계적 바이올리니스트 정경화 씨가 외국인과 결혼했을 때 왜 한국 남자가 아닌 외국 남자를 선택했느냐는 어리석은(?) 질문을 받자 "한국 남자 중엔 아무도 제게 결혼하자는 말을 한 사람이 없었거든요"라고 당연한(?) 대답을 했다. 용기 있는 자가 미인을 얻는다는 속담이 맞는 거지.

우물에서 숭늉 찾지 말라는 속담도 있지만 때론 우물에서도 제대로 요청만 하면 숭늉이나 누룽지를 얻어먹을 수 있는 것 같다. 우아한 호텔 레스토랑에서 스테이크를 먹다가도 속이 니글거린다며 김치를 주문하면 가져다주기도 한다. 언니가 둘러맨 예쁜 스카프, 엄마의 신상 핸드백 등도 "너무 예쁘다. 나 빌려줘"라고 말해서 얻을 수 있다. 물론 거절당할 수도 있다. 하지만 거절을 각오하고 요구해서 얻었을 때의 기쁨과 이득(?)은 영원하다.

우리 여성들은 제대로 요청하지도, 간절히 부탁하지도, 닫힌 문을 두드리지도 않았으면서 아무도 도와주지 않는다고, 되는 일이 없다고 징징거리고 실망하고 세상과 주위 사람을 원망하는 경우가 많은 것 같다. 두드린 문이 다 열리진 않겠지만 저절로 열리는 문은 더더욱 드물단다.

이 세상에 아무리 유능하고 똑똑한 멀티플레이어라 해도 모든 일을 남의 도움 없이 혼자 다 해결할 수는 없다. 누구나 수많은 이들에게 요청을 하고 도움을 받고 문제를 해결해 좀 더 편하고 풍요로운 인생을 살거나 성공과 업적을 이룬다. 그리고 신기하게도 그보다 더 많은 이들이 기꺼이 도와주려는 마음을 갖고 있다는 거다.

언젠가 내가 별로 친하지 않은 분께 어려운 부탁을 드렸는데 그분은 거절하거나 기분 나빠 하기는커녕 아주 기뻐하셨단다.

"당연히 도와드려야죠. 인경 씨가 수많은 사람 가운데 나를 선택해 부탁한 것도 고맙고, 내가 해결해줄 수 있어 행복한걸요."

환하게 미소 짓는 그 얼굴이 절대 정치적이거나 가식적이 아니라 진심으로 느껴졌다. 생각해보면 나 역시 누군가의 부탁과 요청을 잘 해결해준 다음에 뭔가 좋은 일을 했고 내 능력을 인정받았다는 즐거움이 컸단다.

무엇보다 중요한 건 요구하기 전에 자신이 진짜 무얼 원하는지 정확히 알아야 한다는 점이다. 아이러니한 것은 세상의 많은 이들이 스스로 뭘 원하는지 모른다는 거다. 그리고 자신의 가치보다 훨씬 못한 걸 원한다. 100을 말할 자격이 있는데도 50 정도를 요구하면서 비굴한 태도를 취한다. 자신이 원하는 것을 알아내고 스스로 그걸 정할 가치가 있음을 인정하는 것이 기본이다. 무엇이건 그걸 얻을 수 있다고 믿어야 한다. 그리고 그걸 요구할 당당한 배짱을 키워야 한다.

그게 학교 성적이건, 직장에서의 승진이건, 친구의 예쁜 물건이건, 멋진 남자의 애인 자리건 일단 요구해보렴. 교수는 학생의 당당한 요구에 A학점을 줄 수도 있고, 상사는 동기 중에 가장 먼저 승진시켜줄 수도 있다.

얼마 전 엄마도 출판기념회를 조촐하게 했지. 생전 처음 하는 일이고, 좀 부끄럽기도 해서 초청부터 진행, 손님 대접 음식까지 혼자 다 해결하려 했다. 내 일인데 남들에게 조금이라도 수고를 끼치고 싶지 않아서다. 그런데 정작 어떤 사람은 "어쩜 나를 빼놓고 그런 행사를 했어요? 나랑 안 친해요?"라고 서운해하기도 했고, 어떤 사람은 "진즉 말을 했으면 내가 음식을 만들어 가져갔을 텐데"라고도 하더라. 아, 이 엄마의 소심함과 생각부족 탓이다.

《먹고 기도하고 사랑하라》란 소설에서 작가 엘리자베스 길버트는 주인공 친구의 입을 빌려 이혼 후 상처로 우울증과 무력증에 빠진 주인공에게 이런 말을 했단다.

우주를 향해 네가 원하는 것을 기도하면 안 된다는 생각은 도대체 왜 하게 되었냐구? 넌 우주의 일부야. 한 성분이라고. 따라서 이 우주에서 벌어지는 일에 참여하고 나아가 네 감정을 알릴 자격이 충분해. 그러니까 네 의견을 한번 털어놔봐. 자기 진술을 해보란 말이야.

그래서 주인공은 하느님에게 자신이 원하는 것을 털어놓은 진술서를 작성한다. 비록 하늘에 띄우는 글이긴 하지만 일단 가장 막강한 후원자인 하늘과 우주가 도와준다는 자신감을 얻게 된다. 그 자신감만으로도 얼마나 든든해지는지……

그리고 자신이 뭘 원하는지 확실히 알았을 때는 그걸 제대로 도울 능력이 있는 사람에게 정확한 내용을, 신중하고 진실한 태도로 요청해야 한단다. 그 요청을 제대로 해결할 능력이 있거나 혹은 가장 적당한 사람을 아는 이에게 부탁을 하고, 그가 무얼 어떻게 도와줘야 하는지를 명확하게 표현하고, 가능한 한 진심과 절실함이 느껴지되 비굴하지 않은 태도로 말해야 한다.

"하지만 내가 이런 부탁을 하면 그분이 싫어할까 봐요. 실례가 될 수도 있구요."

이런 말로 시도조차 못 하는 것은 어리석은 거다. 당연히 그런 부탁을 싫어하거나 귀찮아할 수 있지. 그렇지만 그런 걸 싫어하는 것은 그 사람의 문제이지 우리의 문제는 아니다. 그 사람을 존중하고 배려하는 것은 좋지만 그의 생각과 판단까지 미리 예측할 이유는 없지 않니?

또 상대의 심기를 거스를 수 있는 것은 말의 내용이 아니라 그것을 표현하고 전달하는 방식이다. "우선 시간 내서 제 말씀을 들어주셔서 감사합니다. 바쁘신 줄 알고, 이게 어려운 일인지도 알지만 선생님이라면 가능할 것 같아 실례를 무릅쓰고 부탁드립니다"라고 예의와 격식을 갖춰 부탁하면 어지간하면 들어준다.

그리고 만약 그 사람이 거절한다 하더라도 그건 '부탁'을 거절한 거지 '우리 존재'를 거절한 게 아니니 너무 상처받고 좌절할 이유는 없단다. 이번 요청은 거절해도 다음 부탁은 들어줄 수도 있고, 그런 부탁을 한 사실에 짜증낸다 해도 그건 그 사람의 이기적이고 모난 성격 탓이지. 거절당하는 것에 너무 마음 상할 이유가 없다.

너도 살아가면서 친구나 상사, 혹은 하나님에게까지 숱한 부탁과 요청을 해야 할 거다. 아무리 거절을 당하고 실패를 해도 그 요청이 받아들여져 뭔가 이룩하고 성공하면 우리는 성공한 사람으로 기억된단다.

손을 들어라, 일단 그리고 계속

딸아. 이 세상은 능력이 탁월한 사람보다는 간절히 소망하는 사람에게 기회가 주어지는 것 같다.

다들 "로또에 당첨되어 인생 역전이 되는 게 소원"이라고 하지만, 그 로또도 구매를 해야 당첨도 된다. 신데렐라도 갖은 어려움을 극복하고 무도회에 참석했기에 왕자와 만났고 유리구두를 남겨 존재감을 알릴 수 있었다. 〈슈퍼스타 K〉나 〈K팝스타〉 등의 오디션 프로그램을 봐도 간절함이 가득한 눈빛으로 심사위원을 보는 이들은 탈락했어도 다시 패자부활전의 기회를 얻곤 했다.

그런데 사회생활을 하는 여성들은 자신을 제대로 드러내는 능력, 수많은 사람들의 무리 가운데 손을 들어 존재감을 발휘하는 노력이 확실히 부족한 것 같다.

얼마 전 대기업 신입사원의 교육에 강사로 초대됐었단다. 이태백(이십대 태반이 백수)이란 말이 있을 만큼 취업난의 시대에 대기업에 합격한 이들이라 얼굴도 번듯하고 눈빛도 반짝반짝 빛나 보이더라. 그런데 강의가 끝나고 질문을 해보라고 하니까 신기하게도 다 남자 사원들만 손을 들더구나.

서너 가지 질문을 받은 다음, 마지막으로 질문을 더 받겠다고 하는데도 여자 사원들은 조신하게 앉아 있고 남자 사원들은 몇몇이 계속 손을 들고 있었다. 그렇다고 남자 사원들이 매우 통찰력이 넘치는 특별한 질문을 한 것도 아니고, 그 질문을 하는 것이 인사고과에 반영되는 것도 아니었다.

난 솔직히 속상하고 화가 났단다. 정말 내가 한 말 중에 하나도 궁금한 게 없을까. 아니 직장 생활을 30년 가까이 한 사람이고 직장과 가정을 양립한 원로(?)에게 던질 질문이 없을까. 사원들에게 아무런 호기심과 궁금증을 불러일으키지 못하는 엉터리방터리 강의를 한 것이 아닌가 하는 자격지심도 들었다. 무엇보다 왜 여자 사원들은 질문을 하지 않을까, 왜 손을 들지 않을까란 답답함이 더 컸다.

아마도 내 생각엔 '제대로 된 질문을 해야 할 텐데 머리가 뒤죽박죽이야' '내가 적절한 질문을 하지 않으면 멍청하다고 비난을 받을지도 몰라' '괜히 손 들어서 버벅거리다 우스꽝스러워 보이는 게 아닐까' 등등 머리와 가슴으로 생각만 하느라 손을 못 든 것 같다.

질문은 그저 궁금한 걸 물어보는 게 아니란다. 질문의 내용은 그다지 중요하지 않다. 중요한 것은 질문을 하겠다는 의지, 손을 드는 그 행동이다. 그것이 결국 사회생활에서는 열정으로 보이고 자신감으로 판단된다.

그 어느 기자회견장에서도 정작 가장 핵심적인 질문은 대부분 마지막에 나온다. 다 질문을 한 후 서로 방심한 틈에 누군가 허를 찌르는 질문에서 속내가 드러나고 특종이 나오기도 한다. 그래서 항상 마지막까지 질문을 던져야 한다. 아무리 바빠도 기자가 집요하게 질문을 던지면 대답을 해주기 마련이다. 혹은 "그 질문에는 답변을 드릴 수가 없군요"란 답이라도 해준다. 그럼 적어도 그 사안에는 그 사람이 대안이 없다는 것이라도 알 수 있지 않니.

휴렛팩커드가 작성한 사내 보고서에 따르면 여성은 공지한 필요조건을 100퍼센트 충족해야 공개 채용에 지원하는 반면에 남성은 필요조건의 60퍼센트를 충족한다고 생각하면 지원한단다. 무슨 일이건 하고 싶으면 일단 도전한 후에 일을 하면서 방법을 배우고 익히면 되는데 말이다.

그 누구도 여자는 손을 들어서는 안 된다고 한 적도 없고, 공평한 기회가 주어졌는데도 여전히 자신이 가장 완벽한 상태가 되고 멋진 질문을 던질 준비가 되어 있을 때만 손을 든다. 그런 사람에게 누가 먼저 기회를 주겠니.

　회사에서 상사가 "이 프로젝트 누가 할래요?"라고 했을 때 제일 먼저 손을 들어야 한다. 그래야 상사는 그 사원의 존재를 의식하고, 먼저 손을 들어준 것에 감사하고 더 좋은 기회나 더 훌륭한 프로젝트를 선물로 주게 된다.

　페이스북의 최고운영책임자이자 《린 인》이란 책을 쓴 셰릴 샌드버그는 그 책에서 이런 말을 했다.

여성은 사회가 만들어놓은 외부의 장애물뿐만 아니라 내면에 자리한 장애물에 걸려서도 넘어진다. 여성은 큰일에서든 작은 일에서든 자신감이 부족하고 기회를 잡겠다고 손을 번쩍 들지 못하며 적극적으로 달려들어야 할 때 오히려 주춤하며 물러선다. 여성은 남성보다 노골적으로 말하거나 공격적으로 행동하거나 힘이 세서는 안 된다는 부정적 메시지를 스스로 내면화한다. 자신이 달성할 수 있는 성과에 대한 기대치를 스스로 낮춘다.

　그리고 먼저 손을 드는 것만큼 끝까지 손을 드는 것이 필요하다고 생각한다.

　중요한 프로젝트에서 5명을 엄선한 경우, 정말 그 프로젝트에 합류하고 싶다면 끝까지 '참여하고 싶다'고 손을 들어 담당자나 상사를 설득해야 한다. 그 간절함과 용기만으로도 대부분은 기회를 준단다. 10명 정원의 엘리베이터에서도 끝까지 밀어붙여 일단 타고 보는 게 중요하지 않니.

"Put Your Hands Up!!"

힙합콘서트에서는 그렇게 실컷 번쩍 잘 들어올리던 손을 왜 정작 사회생활에서는 올리지 않는 걸까.

항상 손을 번쩍 들어라. 그리고 끝까지 손을 들고 있어라. 넌 이 세상에 조용히 명상하려고 온 존재가 아니라 반짝반짝 빛나고 인정받으러 태어났단다.

세련된 거절의 기술이 필요하다

우리는 각종 고상한 철학이론들과 고결함으로 포장하지만, 사실 인간은 근본적으로 이기적인 동물이다. 100번을 잘해줘도 어쩌다 한 번 못해주면 너무 섭섭해한다. 게다가 전혀 들어줄 의무도 없고, 별 해결할 능력도 없다고 판단해 어렵사리 거절을 하면 몸을 부르르 떨며 원수가 되는 이들도 있다. 수백 번 진심으로 베푼 호의는 잊히지만 무심코 한 번 거절한 게 비수가 되어 꽂힌다.

난 모든 이들에게 사랑받기 위해 청탁을 다 들어줄 필요는 없다고 생각한다. 그렇다고 무조건 단호하게 거절해서도 안 된다. 500년 전에 살았던 이탈리아 철학자 프란체스코 귀차르디니가 《리코르디》란 책에서 주장한 교훈은 오늘날에도 유효한 것 같다.

> 누군가 도움을 청해오면 도와줄 수 없는 경우라도 대놓고 거절하지 마라. 도움을 청해놓고 나중에 그 도움이 필요 없게 될 수도 있다. 그러니 완곡하게 돌려서 거절하거나 가능한 한 확실한 약속은 피하면서도 상대를 격려하는 우회적인 말을 해주는 선에서 그치도록 하라. 교묘한 대답은 상대방에게 위안을 줄 수 있지만 대놓고 거절하면 이유나 결과에 상관없이 미움을 사게 될 것이다.

귀차르디니의 말에 공감하는 이유는, 싫으면 싫다고 말할 수 있는 것은 개인의 권리이자 자유이지만 'No'라고 말한 후의 후유증이 너무 크기 때문이다. 그리고 거절의 방법에 따라 그 사람에 대한 평판도 좌우된다. 단지 부탁을 안 들어줬다는 이유로 치사하다, 많이 컸다 등등 갖가지 비난이 쏟아져 인간관계도 나빠진다.

얼마 전 엄마 친구 A가 다른 친구 때문에 무척 화를 내고 속상해한 적이 있다.

"내가 B에게 평소 친분 있는 사람에게 뭘 알아봐달라고 했는데 글쎄 '그 사람, 그런 거 싫어해'라고 말하더라. 지가 그 사람 대변인이야 뭐야. 난 다시는 걔 안 보고 싶어. 뭐 대단한 청탁도 아닌데……."

나도 수시로 그런 경험을 한다. 원고 청탁을 했을 때 "아, 어떡하죠.

너무 좋은 기회를 주셨는데 하필 제가 이번에 무슨 무슨 일로 시간을 내기가 힘들어서요. 다음번엔 꼭 쓸 테니 연락주세요"라고 하면 그분이 거절을 했어도 전혀 기분 나쁘지 않다. 반면 어떤 사람들은 "싫습니다" "그 신문엔 안 쓸래요" "원고료가 너무 싸서 쓸 마음이 없어요" 등 지나치게 솔직한 어투로 거절을 한다. 본인은 진심을 밝혔을 뿐이지만 나의 인명사전에 그들은 'X'로 분류된다.

우리에겐 익숙하지 않지만 외국영화를 보면 서양인들의 외교적인 거절법을 배울 수 있다. 언젠가 한 후배가 외국의 대학 석사과정에 신청을 했는데 퇴짜를 맞았다. 그런데 보내온 편지가 너무 아름답더구나.

"저희 학교에 관심을 가져주셔서 너무 감사드립니다. 당신을 우리 학교의 석사과정에 모시는 것은 우리도 영광일 겁니다. 하지만 하필 이번 학기엔 인원이 꽉 차서 당신의 입학이 어려울 것 같군요. 다음 기회에 다시 지원해주시길 바랍니다. 당신의 앞날에 행복과 무궁한 영광이 가득하길 기도하고 우리 학교에도 지속적인 관심을 바랍니다."

물론 너무 형식적이긴 하지만 나의 거절로 상대가 상처를 안 받게 하려면 어떻게 해야 하는지 잘 보여주지 않니?

몹시 바쁠 때 귀찮은 부탁을 해오면 "나 시간 없어" "몰라, 담에 전화해"라고 하지 말고 "내가 털 하나 뽑아서 여러 몸이 되는 손오공이면 좋겠다. 근데 하필 그 시간대에 스케줄이 꼬여 있네" "지금 좀 일이 밀려 있어서 내 장례식에도 참석 못 할 지경이에요. 정신 차린 후에 연락드릴게요"라고 말하는 게 낫다.

가끔은 친지들로부터 원치 않는 상품의 구매를 강요받을 때도 있다. 괜히 체면 차리느라 필요 없고 취향에도 안 맞는 것을 살 이유는 없다. 하지만 "너무 비싸다. 완전 도둑이네" "디자인이 촌스럽군요" 등의 말 대신에 "이 스타일은 나와 어울리지 않는 것 같아요" "비슷한 상품이 있어요" 등 우회적인 표현을 하는 게 현명하다.

행사나 파티 등에 초대받았지만 참가하기 싫을 때도 있다. 그럴 땐 흔히 "어쩌지? 그날 세미나가 있어" "하필 할머니 제사야" 등의 거짓말을 하면 언젠가 들통이 난다. 중요한 학회가 있다던 사람이 그 시간에 다른 사람과 노래방에서 탬버린을 흔들며 노래했다는 이야기를 들으면 실망을 넘어 절망스럽지 않을까? 그때는 "참 좋은 자리인 것 같고 불러줘서 너무 고맙긴 한데 피치 못할 선약이 있어"라고 애매하게 이야기하면 된다.

전화로 부탁받았을 때는 서로 얼굴을 보지 않으니 다행이지. "잠시만 끊지 말고 기다려줄래? 스케줄 좀 볼게" "누가 날 찾는다. 스케줄 보고 전화해줄게" "지금은 좀 곤란하고 가능하면 빨리 연락해줄게"라고 말하면서 시간을 벌 수 있으니까.

하지만 서로 마주한 대화 도중에 부탁받았을 때는 전화기처럼 버튼도 없고 갑자기 사라질 수도 없다. 분위기에 압도되어 억지로 예스라고 안 하려면 잠시 휴식시간을 갖고 시간을 벌어야 한다. "화장실에 다녀올게" "급한 전화 하나 걸고 올게" 등으로 잠시 휴식시간을 번 후에 돌아와 "생각해보니까 좀 힘들 것 같아"라고 차분하게 거절하면 된다.

기분 좋게 거절하려면 상대방의 긴장을 풀어주는 것이 중요하다. 함께 그 문제를 고민하고 걱정하는 자세를 보여주는 것이 기본이다. 단, 부탁을 못 들어준다고 해서 지나치게 상대방에게 저자세로 굴거나 우유부단한 태도를 보일 필요는 없단다. 부드럽고 즐겁게 거절할 수 있는 사람은 거절하지 않는 사람 이상으로 원활한 인간관계를 유지한다.

난 잊고 있었는데 한 후배가 내가 참 도움 되는 조언을 해줬다고 하더라.

"하도 상사들이 이런저런 일을 많이 시켜서 끙끙대니까 선배가 제게 그랬어요. '귀가 왜 두 개니. 한 귀로 듣고 한 귀로 흘려. 상사들도 가끔은 아무 생각 없이 이것저것 지시를 내리거든. 어떤 일은 저절로 해결되고 진짜 중요한 일을 안 하면 다시 '근데 그때 그 일은 어떻게 됐어?'라고 물을 거야. 그때 제대로 하면 된다구.'"

그러고 보니 난 매사 한 귀로 듣고 한 귀로 흘려 제대로 일을 못해놓고, 후배에겐 이런 조언을 했구나. 음……

우리는 음료수 자동판매기가 아니다. 사람들이 원하는 걸 누른다고 모두 커피나 음료수 캔처럼 척척 해답을 내줄 수도 없다. 하지만 자판기나 집의 벨을 눌렀을 때 아무 반응이 없으면 욕을 하거나 발길질을 당할 수도 있잖니. 100명의 팬보다 한 명의 안티가 무서운 것처럼, 무심코 내뱉은 거절의 말이 나중에 비수가 되어 돌아오지 않도록 말하기 전에 혀를 살짝만 깨물고 지혜를 찾아야 한다.

세계 야구 역사상 가장 전설적인 홈런왕, 베이브 루스는 야구선수

생활 중에 무려 1,330번이나 삼진아웃을 당했다고 한다. 그래도 우리는 그가 기록한 714개의 홈런을 기억하며 그를 홈런왕으로 부르지 않니? 남들이 원하는 모든 일을 다 들어주느라 네 인생을 허비할 필요는 없단다. 우선 네가 사는 게 더 중요하니까…….

비난을 충고라고 여기는 순진한 착각

딸아. 인생에서 친구는 참 중요하다. 진정한 친구 셋만 있어도 성공한 삶이라고도 하지. 엄마는 요즘 언젠가부터 친구들을 가려서 만나기 시작했다. 너무 바빠서도 아니다. 친구들을 이용하기 위해 실속 있는 친구만 만나는 것은 더욱 아니야.

만났을 때 기분 나빠지는 친구, 내게 항상 지적과 질타의 말만 하는 친구들과는 만나지 않기로 했단다. 아무리 그들이 권력과 매력을 갖고 있다고 해도 억지로 우정을 나누기 싫어서.

가뜩이나 도처에 스트레스 받을 일투성이고 나의 약점과 결점은 내가 잘 알아. 그런데 만나면 항상 "넌 왜 아직도 살을 안 빼니?" "넌 왜 그렇게 옷을 촌스럽게 입니?" "내 친구들이 그러는데 네가 방송에서 말을 너무 빨리 해서 못 알아듣겠다더라" 등의 조언이 아닌 기분 나쁜 '지적질'만 하면 감사함보다는 짜증이 난다. 절대 내가 수양이 부족해서도 예민해서도 아니다.

수십 년을 만나놓고도 "넌 왜 얼굴이 그렇게 크니?" "넌 목이 짧은데 왜 그런 폴라티를 입니?" 등의 말을 해주는 친구는 좋은 친구가 아니라고 생각한다. 친구의 우정으로 내 얼굴이 조그맣게 줄어들지도 않을뿐더러, 감기로 목이 아파 목을 감싸는 폴라티를 입었을 뿐인데 이를 헤아려주기는커녕 입만 열면 비난을 일삼는 것은 친구로서 지나치지 않나 싶다. 미국의 비즈니스 커뮤니케이션 컨설턴트 낸시 앤코위츠는 《내성적인 당신의 강점에 주목하라》는 책에서 "당신의 잘못만을 일깨우는 사람들과는 결별하라"며 다음과 같이 충고하더구나.

당신을 비난하고 부정하는 사람들을 어떻게 해야 할까. 그들과 만나고 나면 왠지 기분이 나빠진다. 그들은 당신을 신뢰하지도, 진정으로 이해하고 있지도 않으면서 어쩌면 당신을 경쟁상대로 생각하거나 질투하고 있는지도 모른다. 그런데도 당신은 습관상, 아니면 그들에게 상처를 주지 않으려고 혹은 거리를 둠으로써 생길 관계의 혼돈을 우려해서 계속해서 그들을 만나고 있다. 감히 단언하건대 당신에게 잘못만을 일깨우는 사람을 계속 만날 필요는 없다. 당신은 지금 가장 먼저 누구와 거리를 두어야 할까. 오페라 가수 아벨컨스는 삶을 행복하게 만드는 비결을 이렇게 귀띔한 바 있다. '긍정적인 환경에서 일할수록 내 삶에서도 긍정적인 에너지가 샘솟는다는 사실을 잊지 맙시다'라고.

남들의 충고를 무시하란 뜻이 아니란다. 사람들과 더불어 사는 세상에서 남들의 시선과 취향도 중요하고 나와 생각이 다른 이들과도 조율을 해야 한다. 하지만 항상 습관처럼 기분 나쁜 말만 늘어놓는 친구를 만나는 것은 서로에게 해악이다.

너도 "넌 왜 여자가 축구를 좋아하니? 남자들은 축구는 좋아해도 축구를 좋아하는 여자는 싫어해"라거나 "프랑스 대학원 석사를 딴다고 출세가 보장되니? 빨리 남자 만나 결혼해"라는 친구는 안 만나는 게 좋다. 꼭 너에 대한 비난만이 아니다. 주변 사람에게 늘 불평만 늘어놓는 친구와도 굳이 우정을 유지할 이유는 없다.

"그 선배, 정말 또라이라니까. 일을 엉망으로 지시해놓고는 나한테만 비난을 하는 거야!" "넌 왜 그런 이상한 사람을 소개팅해주니? 생긴 건 참아주겠는데 취향이 너무 저렴해. 제발 다음부터는 내 수준에 맞는 사람을 골라줘." "우리나라는 망해야 해. 이런 더러운 시스템으로 사회가 유지되는 게 말이 돼?"

냉정하게 그들과의 관계를 끊을 수 없다면 그들과 만나서는 영화나 음식 등 객관적인 이야기만 나누는 것이 좋다. 그들이 뭐라고 계속 지적과 비난을 할 때는 한 귀로 듣고 한 귀로 흘려버리렴.

누군가 너를 인정하지 않는다고 해서 네 자신에 대한 신뢰가 흔들려서는 안 된다. 네가 너 자신을 믿어야 너를 깎아내리고 짓뭉개려는 말로부터 자신을 지킬 수 있다.

유명한 작가이자 명강사인 한 교수는 "남의 말을 안 들은 것이 내 성공의 비결"이라고 했단다.

"대학교수가 방송에 나오고, 다른 기업체에 강의를 다닌다고 욕하는 동료 교수들이 많았어요. 그렇다고 제가 코미디 프로나 드라마에 나오는 것도 아니고 토론 프로나 시사 프로에 나오는데 말입니다. 강의에서도 재미있게 말하면 '날라리'라는 거예요. 제가 학력을 위조한 것도 아니고 외국에서 정식 박사 학위를 받았는데 그렇게 남의 말이라고 참 쉽고 험하게 하더군요. 총장에게 투서도 하고, 회식자리에서 대놓고 비난하는 이들도 있었어요. 그때마다 교수직을 포기할까, 외부 활동을 접을까 고민했는데 결국 다 하기로 했습니다. 날 비난하는 이들의 진정성이 의심되어서죠. 그 사람들이 정말 나를 위하고 내 인생에 대해 진지하게 생각해서 한 말은 아닌 것 같았어요. 그래서 강의도 더 열심히 하고 프로젝트도 많이 따와서 연구실적을 올렸더니 결국 아무 말도 못 하더군요. 속된 말이지만 똥개는 짖어도 열차는 간다. 그게 제 생활신조랍니다."

친구가 고통을 겪을 때, 위기에 처했을 때 물불 가리지 않고 도와주는 것은 당연한 일이다. 하지만 항상 뺑덕어멈 같은 심술궂은 얼굴로 "넌 왜 그러니"라는 비난만 늘어놓는 친구까지 포용하는 게 우정은 아니란다.

병든 가지를 쳐내야 그 나무가 건강하듯 독을 품은 주변의 친구들 또는 동료들을 가려내는 것이 행복해지는 한 방법이다. 무슨 비난이든 감수하는 착한 친구 역할에 만족하지 말고 자신의 정신 건강과 행복에 신경을 쓰렴. 독이 든 음식과 마찬가지인 비난쟁이 지인들을 억지로 다 포용하다가 너만 병든다.

착한 짓과 오지랖의 경계선

네가 어릴 땐 난 네가 천사인 줄 알았단다. 어린 나이에 너무 남을 배려하고 착했기 때문에. 집안일을 도와주러 온 도우미 아줌마의 음식 솜씨가 나빠 내가 지적을 하려고 하면 "엄마, 덕분에 우리가 소식을 하게 되잖아. 괜찮아"라고 한 거 기억나니? 초등학교 때, 돈을 달라기에 용처를 물었더니 "내 친구가 피아노 대회에서 상을 타서 장미꽃이라도 사주려고"라고 천진난만하게 말했지. 가끔 남들을 축하해주고 응원해주느라 바쁜 아이가 내 딸인 네가 아니라 네 친구였음 좋겠다는 생각도 든다. 딸아이가 축하받고 선물 받기를 바라는 졸렬한 엄마의 욕심이긴 하다만⋯⋯.

 남의 기쁨을 진심으로 축하해주고 타인의 아픔을 절절이 공감해주고 적절한 인사나 선물을 전하고 남들의 부탁을 내 일처럼 잘 들어주는 것은 참 아름답고 이상적이다. 그런 행동들이 저절로 우러나서, 그럴 때마다 너무 행복하고 짜릿해서 하는 거라면 괜찮다. 하지만 남들에게 좋은 인간, 착한 친구, 멋진 여자로 보이기 위해서 낑낑거리며 하는 거라면 부질없는 일이다. 나의 이런 말에 너는 아마 콧방귀를 뀌며 이렇게 말하겠지.

 "하이구, 엄마. 엄마나 잘 하셔요. 엄마도 허구헌 날 선물 받은 화장품이며 물건들 다 나눠줘서 정작 본인은 새로 사서 쓰기도 하고 날마다 남의 일 해결해준다고 피곤해하면서 그런 말 할 자격이 있수? 엄마부터 남의 보따리 싸주느라 자기 보따리는 챙기지도 못하는 지병부터 고쳐요."

 맞다. 나도 여전히 오지랖 넓게 남의 일의 해결사 역할을 해주느라 정작 내 삶의 풍요로움은 멀리하고 있다. 나는 의지박약에 거절을 잘 못하는 성격이어서 별별 청탁과 부탁에 시달린다. 사람들은 내가 엄청나게 발도 넓고(오리발처럼 발볼만 넓은데도), 기자인 내가 부탁하면 다른 사람들도 무슨 일이건 다 들어줄 거라고 착각하는 것 같다. 물론 아는 사람이 많은 것은 사실이지만 그건 그야말로 서로 이름과 하는 일을 알고 있다는 것이지 친분의 두터움을 의미하는 것은 아닌 데다가 그들이 내 부탁을 들어줄 아무런 이유도 없지 않니. 그런데도 사람들은 "전화한 통화로 해결될 일인데 그걸 귀찮아하다니"라면서 서운해하더구나.

얼마 전까지만 해도 무슨 일이건 다 들어주려 했다. 그래서 가능하면 전화를 걸거나 직접 찾아가 부탁도 하고, 바쁜 사람을 붙들고 구구절절 설명도 하고 민원 해결의 선봉장에 섰단다. 그러다 보니까 별별 부탁이 다 들어왔다. 수술을 해야겠으니 빨리 서울대 의사한테 말해 수술날짜를 앞당겨다오, 사기를 당했는데 범인을 만나 돈을 받아주면 좋겠다, 아무개가 비리가 많으니 처벌해달라, 마누라가 바람났는데 직접 만나 집에 돌아오라고 설득해달라, 며느리가 임신했는데 태교에 좋은 책을 추천해다오 등등 사연도 갖가지였다. 친구들은 물론 지인들에게도 이런 소문이 나니까 "동네 사람들이랑 상의해보니까 유 기자님을 꼭 만나보라고 해서요"란 사람까지 등장해서 놀란 적도 있다.

그러다 보니 점점 내 일을 제대로 할 시간도 부족하고 정작 내가 꼭 필요한 일에는 부탁할 곳도 없어지더구나. 생각해보니 내가 그들의 민원을 들어줄 의무도 책임도 없었다. 내가 신세진 사람들도 아니고, 내가 정치인이라 지역 유권자들의 비위를 맞출 필요도 없고, 나 아니면 절대 안 되는 절박한 일도 아니었기 때문이다. 어찌 보면 내가 그들에게 착한 사람이란 평을 듣기 위해 애를 쓴 거란 판단이 들었단다. 너무 늦은 자각이긴 하다만⋯⋯.

남들에게 착한 사람이란 평가를 받기 위해 나를 희생할 필요는 없단다. 그렇다고 야박하게 모든 이들의 부탁을 전혀 들어주지 않는 것은 잔인하고 결국 자신도 왕따를 당하게 되지. 내가 할 수 있는 일, 내가 하고 싶어지는 일만 선택하는 것이 서로를 위해 현명한 일이다. 세계적인 야구선수들조차 타율을 보면 3할대다. 4할대가 거의 없다. 3할대란 10개의 공이 왔을 때 3개의 공 정도만 제대로 친 거다.

그러니까 우리에게 10개의 부탁이 들어왔다면 3개 정도만 제대로 해결해줘도 훌륭한 성적이 아니니. 그런데 그저 착한 척하느라 자기 일은 소홀히 하면 결국 내 인생을 사는 게 아니지. 누가 무슨 부탁을 하면 진심으로 경청하되, 자신의 능력과 실력에 맞는 일만 해결해주는 지혜가 필요하다.

착한 여자들은 '산타클로스 증후군'도 같이 앓는 게 문제다. 산타클로스 증후군은 자기가 산타처럼 사람들에게 "내가 이런저런 선물을 주겠다"라고 잔뜩 기대를 하게 만드는 거다. 선물을 받을 자격과 이유도 없는 이들도 산타가 주겠다니까 기대를 하고 있다가 만약 주지 않으면 실망을 하거나 원망까지 하게 된다.

어느 출판사 사장이 그런 사람이다. 정말 호인이지. 누구에게나 밥도 잘 사고 무슨 일이건 도와주려 하는데도 정작 이 사람에 대한 평가는 좋지 않다. 오히려 "뻥이 심하다" "말이 너무 앞선다" 등등 부정적인 평판을 듣는 것이다. 참 억울한 일이지만 결국 그 사람의 산타클로스 증후군 때문이었다. 그 사람은 누굴 만나도 "다음에 제가 맛있는 식사 대접하죠" "그 책은 제가 내드릴게요" "그 회사 상무는 저와 친한 사람이니 제가 부탁해보죠" 등등 말로는 온갖 선물과 대접과 특혜를 다 베푼다. 그래서 사람들은 잔뜩 기대를 걸고 있다가 선거 공약처럼 빈말로 끝나면 그 사람 욕을 한다. 비빔밥을 사줘도 "스테이크 사준다더니 겨우 비빔밥?"이라며 실망하고.

　난 그분을 20년째 알고 지내니 진면목을 알아서 좋은 사람이라고 평가하지만 그분의 산타클로스 증후군은 약이라도 먹여 없애주고 싶다. 뭘 해주겠다고 말하고 싶어질 때, 잠시 혀만 깨물었어도 훌륭한 사람으로 칭찬받을 텐데 말이다.

　누차 강조하지만 인간은 참 상대적인 존재다. 평소에 내게 늘 10개씩 사탕을 주던 사람이 어쩌다 5개만 주면 너무 실망하고 사람이 변했다, 치사해졌다라고 구시렁대지만 하나도 안 주던 사람이 어느 날 2개만 줘도 너무 고맙고 감격스러워진다.

　만약 누구에게나 날마다 사탕 10개씩을 줄 수 있는 능력과 처지가 된다면 아낌없이 주면 된다. 하지만 그럴 주제가 아니라면 처음부터 능력에 맞게 나눠줘야 편하다. 그리고 좋은 사람이란 이미지를 주기 위해 남들도 원하지 않는 일인데도 공허한 말로 부도수표를 남발하지 않는 것이 중요하다.

　특히 냉정한 사회생활에서는 혼자 모든 일을 감내하고 모든 이를 다 독거리는 천사인 척할 필요가 없다. 악마와 좀비들이 가득한 세상에 혼자 날개를 달고 다니다가 날개도 빼앗기고 바보 취급을 당하기 십상이니까.

　천사는 하늘나라가 고향이고 이 땅에 사는 우리들은 그냥 인간 역할에만 충실하면 된다. 그리고 산타클로스는 크리스마스에만 만나면 되고. 지상에서는 날개를 접고 좀 영악한 인간으로 살자.

겸손해 보이기 위해
약점을 발설하지 마라

얼마 전 한 여행사 직원을 만났단다. 인상도 참했지만 어찌나 일을 싹싹하게 잘 처리하는지 다음에도 꼭 일을 맡겨야겠다는 신뢰감이 절로 들었지. 그런데 대화 중에 그 직원은 자꾸만 자기 코를 만지작거리더구나. 자주 코를 만지니 자연 내 눈길도 그녀의 코에 갈 수밖에. 그리곤 부끄러운 듯 이런 말을 하더라.

"저는 코가 너무 납작해서 고민이에요. 남들이 제 코만 보는 것 같고……. 성형수술 상담도 해봤는데 피부가 너무 얇아 안 된다는군요. 성형수술이 가능한 얼굴로 태어난 것만으로도 축복인 것 같아요."

자신의 약점을 이렇게 솔직하게 말할 수 있다니 참 진솔한 사람이란 생각이 들었다. 그런데 나도 모르게 그녀를 보면서 자연스럽게 그녀 스스로 '너무 납작하다'라고 고백한 코에 시선이 가더구나. 다른 곳을 봐야지라고 다짐하면서도 자꾸 코로 시선이 옮겨지더라. 만약 그녀가 코에 대해 직접 말하지 않았다면 절대 그녀의 코가 납작하다거나 이상하다는 느낌이 안 들었을 텐데 말이다.

분홍코끼리의 법칙이 있다. 누군가 "앞으로 절대 분홍코끼리를 생각하면 안 된다"란 말을 들으면 머리에 분홍코끼리가 둥둥 떠다니는 것처럼 자신이 약점을 발설하면 그 약점에 시선이 가고 아주 강력한 힘으로 기억에 남게 된다는 거지.

매우 깐깐하고 도도해 보이는 사람, 범접하기 어려운 포스를 지닌 사람이 뜻밖에 소탈한 면모를 보이면 오히려 무장해제가 되어 친근감을 높여준다. 찔러도 피 한 방울 나오지 않을 것처럼 차갑게 보이는 사람이 "난 자꾸 뭘 흘리고 다녀요. 그래서 남편에게 늘 구박을 받죠"라고 말하면 소탈해 보인다. 그리고 "늦어서 죄송해요. 제가 다리가 짧아서 걸어오는 데 시간이 걸렸어요" 등 자신의 약점을 희화하고 유머 소재로 삼는 것도 괜찮다. 그러나 각종 신체상의 약점, 지나치게 드라마틱한 과거사를 말하는 것은 상대에게도 부담을 준다.

꼭 신체상의 약점만이 아니다. 대인관계에서 필요 이상으로 자기 비하를 할 이유가 없다. 스피치 전문가로 대화법과 관련한 책을 50여 권 가까이 펴낸 이정숙 씨는《여행 소통법》이란 책에서 '자기 비하 말의 위험'을 이렇게 전하더구나.

"내가 나를 존중하지 않으면 남이 먼저 나를 존중하지 않는다."

"내가 뭐 할 줄 아는 게 있나요?" "저는 그럴 자격이 안 되는 사람이에요." 이런 식으로 말하면 겸손하게 보일 것 같지만 그 반대란다. 말이란 듣는 순간 내용대로 형상화된다. 내가 나를 비하해서 묘사하면 나를 유능하게 평가할 수 있는 사람에게도 무능한 나의 이미지가 형성되어, 결국에는 무능하다고 평가한다. 나서기 싫으면 그냥 조용히 미소 지으면 된다. 못하는 것보다는 잘하는 것을 강조해야 한다. 세월이 가면 실체는 사라지고 이미지만 남거든. 만약 너를 기억하는 이들에게 좋은 이미지를 남기려면 가장 자랑스러운 점을 찾아 '난 성실해요. 못생긴 나무가 산을 지킨다고, 제 성실함으로 조직을 지킬 거예요' 등의 간단한 문장으로 표현하는 것이다.

20여 년의 수사 경험을 자랑하는 한 부장검사는 "모든 정보는 자신의 입에서 나온다"라고 강조했단다.

"누군가에게 모함을 당해 억울하다, 남들이 자기를 씹고 다닌다 등의 말을 많이 하죠. 그런데 알고 보면 국가기밀을 비롯해 개인사의 사소한 오해까지 모든 말은 결국 그 장본인에게서 나옵니다. 언젠가 자기도 모르게 이런저런 말을 하다가 약점이나 기밀을 털어놓고 나중에 내가 언제 그랬냐, 누가 그러더냐고 흥분하죠."

그러니 평소에 겸손한 척, 소탈한 척 자기 약점을 노출하거나 떠들지 말아야 한단다. 남들이 너의 약점만 떠올리기 때문이다. 자신의 능력에 대해서도 굳이 '나는 이게 모자라다' '난 그게 싫다' 등을 강조할 이유가 없다. 그런 말들이 진로와 인생에도 큰 영향을 미친단다.

한 회사의 입사 동기인 A와 B는 대학 동창이기도 하다. A는 영문학을 전공했고 B는 부전공이 영문학이다. 그런데 A는 평소에 "난 영문도 모르고 영문과를 들어갔잖아요. 전공만 영문과지 영어는 딱 질색이라니까요"라고 말했고 B는 "미국 드라마를 자주 보니까 확실히 영어 실력이 늘더군요. 새벽에 영어학원도 다니는데 정말 재미있어요. 학교 다닐 때 영어 공부를 이렇게 열심히 했어야 하는데……"라고 은근한 자기 PR을 했다. 그리고 3년 후 B는 그 회사의 미주 지사로 발령을 받아 미국으로 갔다고 한다.

절대 거짓말을 하거나 내숭을 떨란 이야기가 아니다. 남들에겐 별로 중요하지도, 관심도 없는 나의 신상 정보를 미주알고주알 털어놓을 이유는 없다는 것이다. 이정숙 씨의 지적대로 그 말들이 이미지로 형성되어 자신을 규정하는 특성이나 브랜드가 된단다. 스스로 자기를 높이는 이는 '자신감이 넘치는' '운동도 잘하고 피아노도 잘 치는' 등의 긍정적 광고 카피를 얻는데 '양쪽이 심하게 차이 나는 짝궁둥이인' '너무 내성적이라 남의 앞에 못 나서는' '학교 다닐 때 왕따였던' '잠잘 때 코를 심하게 고는' 등으로 자신을 포장할 이유는 없지 않니.

모든 정보가 네 입에서 나오듯 너의 브랜드와 이미지를 결정짓는 것도 바로 네 입이다. 피알이란 피할 건 피하고 알릴 것은 알린다는 말의 약자란다.

때론 뻔뻔한 자랑질도 필요하다

여성 직장인들을 만나보면 각종 스트레스에 시달리지만 특히 남성들의 자랑과 생색내기에 엄청난 스트레스를 받는 것 같다.

"제가 아이디어도 내고 조사 자료도 만들었는데, 저랑 같은 팀인 남자 동료가 상사에게 마치 자기가 다 한 것처럼 자랑을 하는 거예요. 저는 너무 황당해서 대꾸도 못 했어요. 시시콜콜 말씀드리는 게 치사하게 보일 것 같아 꾹꾹 참고만 있었죠. 그런데 이런 일이 한두 번이 아니니까 더 화가 나요."

너무 많은 여성들로부터 이런 하소연을 듣는다.

모성애나 희생정신이 강한 여성들은 자기 아이디어나 자신이 처리한 일도 '동료와 팀의 영광'으로 돌리는 경향이 있다.

속 깊은 상사가 "이번 프로젝트는 미란 씨가 잘 처리했습니다"라고 칭찬을 해줘도 "어머 어머, 아니에요. 영철 씨랑 삼식 씨가 다 해준 걸요, 뭐"라고 겸손을 떤다. 그런 겸양지덕은 인간관계에서는 미덕일지 모르나 직장 생활에서는 마이너스인 태도란다.

대부분의 남자들은 내가 부지런히 음식을 만들어 차린 밥상에 숟가락 하나만 얹어놓고도 자기가 다 차렸다고 주장한다. 직장은 철저한 적자생존의 전쟁터이고 어릴 때부터 전쟁놀이에 익숙하고 '뻥튀기'를 잘하는 남자들은 업무 실적이건 연애담이건 부풀려 자랑하는 것이 본능이다. 너무 생색만 내거나 잘난 척만 하면 얄밉지만 적어도 자신의 업적은 확실하게 보고하고 알려야 하는 게 맞다.

문화심리학자이고 명강사인 김정운 교수는 정말 자기 자랑의 대가다. 독일 박사 출신에 탁월한 글솜씨로 베스트셀러 작가면 가만 있어도 존재감이 느껴지는데 꼭 자신이 얼마나 훌륭하고 잘나가는지 수시로 보고한다.

"아, 미치겠어. 너무 강의 요청이 쇄도하는 거예요. 강사료를 올려도 그래도 해달라고 난리야. 내가 봐도 정말 강의를 잘하거든. 어디어디에 실린 내 원고 봤어요? 잘 썼지?"

요즘은 일본 교토 미술대학에서 동양화를 공부 중인데 수시로 자기 그림을 휴대폰 사진으로 보내온다. 처음엔 별 웃기는 사람도 다 있다 싶더니 이젠 세뇌가 되어 나도 모르게 '김정운 교수 = 대한민국 최고의 문화심리학자이자 명강사, 글 잘 쓰는 사람에 그림솜씨도 탁월한 사람'으로 입력이 되어 있다. 누가 강사 요청을 하면 자동적으로 "김정운 교수가 괜찮을걸요"라고 말하는 나를 발견한다.

남자들만 B&G(뻥앤구라) 사장들이 아니다. 요즘은 여성들 중에도 뻥앤구라 회원들이 늘어났다.

최근 어떤 자리에서 한 유명 정치인이 화제에 올랐단다. 그분은 나와 오랫동안 친분이 있는 어르신인데 한 여성이 "그분 저랑 참 친해요. 얼마 전에도 만나 뵈었는데······"라고 하는 거다. 10년 가까이 그분을 알아왔으나 그분 입을 통해 한 번도 그 여성의 이름이나 존재를 들어본 적이 없어 고개를 갸우뚱거리는데 주변 사람들의 탄성이 이어졌다. "정말 아무개 씨는 발도 넓어." "대단한 능력이야. 미모에 친화력까지 있으니 말이야."

그 여성은 당연한 반응이라는 듯 우아한 미소를 지었다. 난 호기심 천국이기 때문에 바로 얼마 뒤 그 어르신께 전화를 드려 그녀와 얼마나 친한지, 최근에 자주 만났는지를 물었지. 그분은 "몇 번 모임에서 본 적은 있지만 따로 만난 적도 없고 전화통화는 거의 한 기억이 없다"라고 했다. 그분과 전혀 일면식도 없는 사이는 아니니 거짓말은 아니지만 진실 여부에 상관없이 그녀는 주변 사람들에게 '인맥이 넓고 친화력이 강한 사람'으로 각인되고 있다.

주철환 PD는 '우리 인생은 프로덕션 50, 프로모션 50'이라고 했다.

내가 갖고 있는 능력과 역량만큼이나 그걸 남들에게 제대로 전달하고 홍보하는 것이 중요하다는 거지. 겸손을 미덕으로 배우고 익힌 한국인들, 특히 여성들은 자기 자랑을 하는 것에 익숙하지도 않고 부정적인 생각을 갖고 있다.

하지만 그건 20세기 생각이다. 21세기는 물건도 국가도 마케팅, 즉 프로모션을 해야 하는 시대다. 자신의 장점과 강점, 그리고 인정받고 싶은 일들을 자연스럽게 자랑해야 한다. 요즘 세상엔 워낙 탁월한 재능과 역량을 가진 이들이 많고 자기 자랑에 총력전을 펼치는 이들이 많아 '누군가, 언젠가 날 알아주겠지'란 생각으로 살면 절대 인정받지 못하고 조용히 늙어간단다.

거짓말은 절대 아니지만 지나치지 않은 적절한 자기자랑, 재치 있는 자랑은 좋은 취업 기회나 원하는 부서 이동, 거액의 계약 성사 등을 도와주는 마법과 같은 역할을 한다는 걸 잊지 말아야 한다. 자랑을 하라는 것은 교만하거나 거드름 피우며 허세를 부리란 뜻이 아니다. 좋은 상품의 기능과 효용을 제대로 알려주듯 자신에 대한 광고를 적절히 하란 뜻이다. 아무리 겸손이 중요한 덕목이라고 해도 노벨상을 익명으로 주는 것이 말이 안 되는 것처럼.

그렇다면 잘난 척한다, 과대망상이다, 뻔뻔하다는 비난을 받지 않고 자기 자랑하는 법은 무엇일까? 무엇보다 먼저 자기 장점을 발견하는 게 중요하단다. 누구나 객관적으로 인정할 자랑거리를 찾는 것이지. 먹으면 토할 것 같은 음식을 만들고도 "요리를 잘해요"라고 하거나 불어인지 스페인어인지 잘 못 알아듣는 발음이면서도 "전 어학에 재능 있다는 말 많이 들어요"라고 말하면 처음엔 그러려니 해도 나중엔 욕만 먹는다.

장점을 발견한 다음엔 자신을 가장 근사한 사람이라고 믿는 자기 암시도 필요하다. 그렇게 자신이 가진 최고의 모습과 아이디어를 자부심과 열정에 차서 표현하면 된다.

좀 더 구체적으로 설명하자면 이렇다.

일단 너의 '자랑 주머니'를 만드는 게 필요하다. 너의 장점, 관심분야, 최근 업적, 현재 관심거리, 남들이 칭찬해준 것 등으로 그 주머니를 채워봐라. 다음은 '스토리텔링 연습'이다. 남들이 들어보면 어떨지 자기 자랑을 말로 연습해보는 거다. 주절주절 두서없이 자기 자랑만 늘어놓으면 짜증나거든.

자랑에는 때와 장소를 구별할 필요가 없다. 아무도 우리에게 편안히 자랑을 늘어놓을 시간과 장소를 따로 주지 않으니까. 자랑은 반드시 자기소개 시간이나 보고서를 통해 할 필요가 없단다. 자신과 비교해 남을 깎아내리는 것이 아니라면 식사할 때, 엘리베이터 안에서, 커피 자판기 앞에서 자연스럽게 살랑살랑 봄바람 불듯 자랑을 해야 한다. "제가 대학 때 복수전공이 불어예요" "자격증이 몇 개 있는데 나중엔 과연 어디에 쓸지" "제 어머니가 아무개 집안과 친분이 있거든요" "요즘 퇴근 후에 마술을 배운답니다" 등등.

하지만 반드시 명심할 게 있다. 자랑은 하되 절대 거짓말은 하지 말라는 거다. 제일 야비하고 유치한 인간이 거짓말로 자기 경력을 속이는 사람이다. 집안에 돈이 많다, 명문대 출신이다, 성형수술 안 해도 이렇다 등 늘어놓은 자랑이 나중에 거짓으로 드러났을 때 커다란 응징을 당한단다.

거듭 강조하지만 사회 초년생 시절엔 자기 자랑을 예쁘게, 사랑스럽게 하는 훈련이 필요하다. 겸손의 미덕은 나중에 고위직에 올라갔을 때 "이 모든 것이 다 유능한 후배들의 덕분입니다"라고 우아하게 보여주면 된다. 겸손도 다 때가 있는 거란다.

사랑받는 직원보다는 존중받는 직원

딸아. 인간은 사랑하고 사랑받는 존재다. 하지만 사회생활에서 더욱 중요한 것은 사랑받기보다 인정과 존중을 받는 거란다. 우리는 사랑받으려고 사회생활을 하는 게 아니다. 우리 능력을 인정받고 노력에 대한 적절한 보상을 받는 곳이 사회다.

그런데 여자들은 너무 사랑에 목숨을 건다. 애인에게 사랑받기 위해 아르바이트로 번 돈으로 수시로 명품 선물을 하거나, 애인의 취향에 따라 헤어스타일을 바꾸고 생전 해보지도 않은 케이크를 만들거나 십자수를 놓는 등의 노력을 하는 여자들이 주변에 얼마나 많니.

연인 사이의 사랑만이 아니다. 직장에서도 마찬가지다. 어떤 여직원이 들려준 한 동료 여직원의 이야기도 참 기막히더구나. 낙하산, 쉽게 말해 친척의 도움으로 회사에 입사한 그 여직원은 주변 동료들에게 인정받고 사랑받으려고 무진 애를 썼다고 한다. 자기 돈으로 아이스커피를 사다 나눠주기도 하고, 심지어 여직원들에게는 이름 뒤에 '공주님'이란 호칭을 붙여 부르기까지. 아마도 자신이 떳떳하게 입사한 것이 아니니까 자격지심에 그럴 수도 있겠지만 어떻든 동료들에게 사랑받기 위해 그 여직원은 기꺼이 무수리나 하녀를 자청한 거다. 그래서 정말 동료들에게 진심 어린 사랑을 받았을까? 그 여성의 얘기를 전해준 여직원의 동료는 이렇게 말하더구나.

"같은 여자가 보기에도 참 한심해요. 우리를 공주님으로 떠받들어준다고 우리가 감사하거나 사랑할 거라고 생각하다니……. 오히려 다른 남자들에게 그런 저렴한 이미지를 심어주는 게 부끄러워 말도 하기 싫다니까요."

신입사원만이 아니라 임원들조차 여성들은 사람들에게 사랑받는 것을 최고로 여긴다. 그래서 모든 사람들을 만족시키고 인정받으려고 안간힘을 쓰다가 크게 좌절하거나 상처를 받는 경우가 많다.

휴렛팩커드의 CEO였던 칼리 피오리나가 자서전에 쓴 말을 그런 여성들에게 들려주고 싶구나.

여성들의 최대 약점은 주변 사람들로부터 사랑받으려고 노력한다는 데 있다. 상대에게 유쾌하고 붙임성 있는 사람이라는 인상을 주고 싶어 한다. 하지만 사랑받는 것보다는 존중받는 게 더 중요하다. (중략) 내가 성공할 수 있었던 것은 남성들이 나를 묵살하도록 용납하지 않았던 덕분이다. 필요하다면 그들에게 도전했고, 그들이 알아들을 수 있는 언어로 말했다. 그리고 말보다 행동으로 내 가치를 입증하려고 했다.

피오리나는 자신이 여성이란 이유로 갖가지 굴욕을 주고 무시하는 남성들에게 사랑받으려고 애교를 떨거나 눈물을 보이지 않았다. 평소엔 자신의 일에 집중하며 실력으로 승부했고 그래도 태클을 걸어오면 징징거리거나 떼를 쓰는 것이 아니라 남자들의 회의석상에서 나누는 공식적인 언어로 자신의 요구를 전했다.

남자들은 그 누구도 사랑받으려고 애쓰거나 사랑 때문에 상처를 받지도 않는다. 직원들의 인기에 연연하기보다는 조직의 목표를 위해 악역을 자처하기도 한다. 까다로운 결정을 내릴 때 직원들에게 과도한 요구를 하기도 하고, 동료나 상사에게 욕을 먹을 각오를 하고 쓴소리를 하기도 한다. 그게 회사 대표나 조직의 마음에 드는 일일 때만 그렇지만.

물론 주위 사람들을 사랑하고 사랑받는 것처럼 가치 있는 일은 없다. 특히 연인에게 사랑받는 것을 확인하는 것처럼 행복한 순간도 없다. 하지만 너를 비롯한 젊은 여성들이 연인에게도 사랑이 아니라 존중받는 여자가 되길 바란다. 기념일에 선물을 하거나 깜짝 이벤트를 보여주기도 하고 힘들 때 어려운 일을 해결해주는 것도 사랑의 표현이긴 하다. 하지만 그 상대에게 항상 보호해주고 도와주고 베풀어야 하는 의존적 대상이 되기보다는 인품과 능력에 감동해서 존중하게 만들어라. 어떤 일이건 너의 의견을 잘 들어주고, 너를 귀하게 대접해주고, 진심으로 존중해주는 사람을 사귀기 바란다.

진심으로 존중해준다면 절대 연인이 원하지 않는 행동(새벽까지 있자, 부모 몰래 여행을 가자, 술을 마셔라, 안고 싶다 등등)을 요구하진 않을 거다. 자기 욕심으로 사랑하는 사람보다 상대를 하나의 인격체로 대우하고 존중해주는 남자를 만나는 것이 정말 중요하다. 그러려면 자신부터 존중받을 만한 행동을 해야 한다.

직장 생활도 마찬가지다. 당연히 선배나 상사의 지시를 잘 따라야 하고 순종적인 태도를 보여야 하지만 무조건 궂은일을 도맡고, 아무런 의사 표현도 못 하는 것이 바람직한 태도는 아니다. 그 앞에선 "네, 네, 제가 할게요"라고 해놓고 돌아서서 울거나 제대로 해내지 못해 더 일을 망치기 전에 정확한 생각을 전해야 한다.

자신에 대한 판단을 남들이 함부로 내리지 못하게 실력을 키우고 그러면서도 겸손한 태도를 보이면 남들도 당연히 존중해준다. 이것은 직장이건 가정이건 푼수처럼 행동한 덕분에 이 나이에도 무수리처럼 궂은일을 도맡고 날마다 혼자 씩씩거리는 나의 애절한 고백이기도 하다.

너와 함께 감동하며 봤던 드라마 〈황금의 제국〉에서 박근형이 딸로 나온 이요원에게 해준 말을 네게도 해주고 싶다.

"좋은 사람이 되려고 하지 마라. 두려워하는 사람이 되라."

스스로 판단하고 결정하라

"참 자신만만해 보여요." "방송에 나와서도 어쩜 그렇게 당당하게 자기 의견을 말하는지 부러워요."

사람들이 내게 이런 말을 할 때마다 당혹스럽다. 목소리가 크고 말투가 좀 단호하긴 해도 절대로 자신만만하지는 않기 때문이다. 도대체 방송을 하는지, 남의 집 거실에서 수다를 떠는지 별로 의식하지 않는 것이 남들에게는 자연스럽고 당당해 보일 수도 있을 게다.

방송에 얼굴을 내민 지 20년이 되어가지만 난 아직도 어느 카메라가 내 얼굴을 비추는지 잘 모른다. 또 대부분 생방송이어서 화면에 내가 어떻게 나오는지, 내 목소리가 듣기에 괜찮은지도 모니터해본 적이 없다. 좀 무책임한 느낌도 없지 않지만 너무 다른 사람의 시선을 의식하면 모든 게 부자연스럽고 스트레스를 받아서 그렇단다.

곰곰 생각해보면 내 인생에서 당당하게 의견을 내세워 내 의지로 관철한 일은 거의 없다. 간혹 식당에서 정말 내가 먹고 싶은 메뉴가 있을 때, 다른 이들은 짜장면으로 통일하더라도 나는 "짬뽕!" 하고 분위기를 썰렁하게 만들기는 한다. 그것조차 "짬뽕은 좀 시간이 걸리겠는데요"라고 하면 "그럼 나도 짜장면……" 하고 금방 꼬리를 내린다. 항상 남들의 의견을 따르거나 '좋은 게 좋은 것'이란 생각을 하며 살았다.

그 밖에 학교 선택부터 취업, 결혼, 그리고 현재 직장 생활이나 방송, 외고 등 외부활동에 이르기까지 내가 원해서, 내가 바라는 방향으로 혹은 내가 주도적으로 계획해서 한 일이 드문 것 같다. 학교나 학과 선정도 성적이 적당해서, 직장 역시 마냥 백수로 지낼 수만은 없어서, 결혼은 궁합이 아주 좋다기에(속았다!), 그리고 방송도 "출연 가능하신가요?"란 제의에 시간과 내용이 맞으면 "네" 혹은 "아니요"라고 답했을 뿐이다.

첫 책을 쓰게 된 것도 마음속에 강렬한 욕망과 의지가 있는 것이 아니라 "난 나이가 들어 아줌마가 되니 너무 편하고 좋다"라고 떠들었더니 한 출판평론가가 "참 신기한 아줌마구려. 그럼 뭐가 좋은지 책으로 써봐요"라고 권해서 한 달 반 만에 글을 써서 책이 나왔다. 다음 책들은 출판사에서 제안이 들어와서 계약금에 눈이 어두워 덜컥 계약을 해버렸고.

그동안 내가 쌓아온 알량한 이력 역시 내 특성과 소망이 담겼다기보다는 나에게 주어진 문제들을 풀어낸 숙제의 결과물 같아서 좀 씁쓸하긴 하다. 운이 좋고 친구들이 착해서 그나마 신문기자 생활이나 가정생활을 그럭저럭 유지해왔지 이상한 사람들이 나쁜 제안들을 계속 해왔다면 내 삶의 지도 역시 이상하게 펼쳐졌을 것 같다.

그런데 주변엔 정말 자신의 의지대로 살아가고, 또 자기가 원하는 방향으로 인생의 성을 멋지게 지어가는 이들이 많다. 얼마 전에 만난 한 여성은 30대 초반인데도 자신이 꿈꾸던 직장에 이력서를 내고 연봉협상을 성공적으로 마쳐 3월부터 새 직장인 외국계 회사에 출근한다고 한다. 첫 직장에서 차분히 경력을 쌓으면서 자기가 바라던 직장에 관한 정보를 수집했고 마침 그곳 직원이 다른 회사로 옮긴다는 소식을 듣고 인사 담당 이사와 사장에게 이메일을 보내 인터뷰 요청까지 했다더구나.

내 친구 하나는 항상 내게 요구와 지시를 한다. 그 친구는 성공한 커리어우먼이다. "인경아, 그 브로치 나 줘. 너보다 내게 더 잘 어울릴 것 같아." "그 책 내가 먼저 볼게. 1주일이면 다 읽을 거야." "그 사람에게 전화 좀 걸어줘. 내가 내일 전화할 테니까 잘해주라구." 난 그 친구에게 부탁을 받으면 망치로 맞은 듯 멍해져서 "그래, 그럴게"란 답을 하고 속으로 구시렁거리면서도 다 들어준다. 난 단 한 번도 그 친구에게 뭘 달라거나 해달라고 부탁하지 않았고 신세 진 적도 없다. 전생에는 어땠는지 모르겠지만.

왜 난 인생을 살면서 늘 끌려가는 당나귀처럼, 주어진 숙제만 끙끙거리면서 하는 멍청한 학생처럼 살았을까. 숙제를 아무리 충실히 해도 그건 그저 숙제일 뿐이다. 내가 만들고 싶은 대로 근사하게 만든 창작품은 아니지 않니.

그래서 일단 시험 삼아 방송과 강연, 외부 원고 청탁이 들어왔을 때, 내 주장을 피력하기 시작했단다.

"강연료는 얼마인가요? 제 평균 강연료는 얼마입니다(전엔 '돈'을 입에 올리는 게 치사하고 속 보이는 것 같아 물어보지 않고 주는 대로 받았다)." "저는 차가 없어서 가능하면 배차를 해줬으면 합니다(얼마 전까진 지도를 받아 지하철, 버스, 택시 등 물어물어 가느라 지쳤다)." "저는 그 주제보다 제가 읽은 책 이야기를 쓰고 싶은데요. 직장 여성들에게 재미있으면서도 유익한 책들이 참 많거든요(전엔 대부분 청탁받은 주제에 대해 이견이 없었다)."

신기한 것은 전에는 '혹시 잘난 척한다, 돈을 밝힌다, 너무 따진다고 욕할지 몰라' 하며 차마 입이 떨어지지 않던 이야기들과 내가 생각하는 바를 말하고 그들의 의견을 수렴하니, 내 의견 역시 받아들여진다는 것이었다. 그건 아주 흥미진진한 게임이었고 내가 아주 지혜로워지는 것 같더구나.

심리학자들은 '로또'에 사람들이 열광하는 이유를 '자기선택권과 결정권' 때문이라고 분석하기도 했다. 그냥 복권판매소에서 주는 대로 받아 그 번호가 맞길 기대하거나 북북 긁는 것이 아니라, 내가 내 뜻과 임의대로 숫자를 결정하기 때문에 당첨이 될 경우 단순한 행운이 아니라 자신의 두뇌와 노력에 대한 자기존중감이 생긴단다.

이젠 무슨 일을 하건 너도 네 스스로 판단하고 결정하고 책임을 질 때가 된 것 같다. 그러기 위해선 무조건 네 목소리만 크게 내서는 안 된다. 남들도 충분히 네 의견에 공감할 수 있을 만큼 실력을 쌓고 재능을 갈고 닦아야 하고, 좀 더 주변 사람들의 마음도 헤아리는 포용력도 갖춰야 한다. 그리고 세상이 너를 위해 문을 열어주기를 기다리기 전에 네가 들어가고 싶은 문을 부지런히 두드리고 네가 먹고 싶은 과일이 떨어지기 전에 따먹겠다는 각오를 다져라.

비록 네 의견이 거부당하거나 무시된다고 해도, 그 과정을 충분히 즐기면 된다. 네가 뭘 원하는지, 네 장점이 뭔지를 성찰하는 동안에 그만큼 네가 성장하고 성숙한 것만으로도 충분히 의미가 있지 않겠니.

한 걸음 쉬었다 가자

5
FRIDAY

'치열함'이라는 단어에 주눅 들지 마라

언제나처럼 너랑 이런저런 이야기를 하다가 열정적으로 사는 주위 사람들에 대한 이야기를 나눈 적이 있지.

서울의 명문대에서 영문학을 전공하고 다시 의상학과에 편입해 학위를 딴 후에 미술사 공부를 하러 유학을 갔다가 석사 학위를 딴 후 로스쿨을 졸업하고 최근 미국 변호사 시험을 친 여성, 외국계 회사에 근무하며 밤낮없이 일하다 실력을 인정받아 프랑스 본사에 발령받은 여성, 딸에게 영어를 가르치다 자기가 토익 만점을 받은 후배 등등.

"엄마. 인생을 그렇게 꼭 치열하게만 살아야 해? 좀 느긋하게 여유를 즐기며 살면 안 되는 거야? 공부가 좋다고 하염없이 박사 학위까지 마치고 싶은 생각도 없고, 대기업이나 외국계 회사에서 슈퍼 알파걸들과 미묘한 신경전을 벌이며 스트레스를 받고 승진을 최고의 보상으로 여기는 것도 두려워."

난 네게 그처럼 치열하게 사는 사람들에게 자극을 받으라고, 그들처럼 삶의 목표를 구체적으로 세우고 그들처럼 살라고 예를 든 것은 아니었다.

나는 기자생활을 하며 아주 치열하게 불꽃처럼 삶을 살다가 갑자기 사고로 목숨을 잃거나, 혹은 성공의 문 앞에서 탈진한 사람, 그리고 주변의 질투와 모함으로 시련을 겪은 이들을 많이 봐서, 네가 어릴 때부터 "반드시 성공해라" "명문대에 들어가라" "고시공부를 하거나 MBA에 도전해라" 등의 강요는 한 적이 없다. 그렇지 않니? 너도 그걸 고마워했고.

하지만 목표나 목적을 위해 물불 안 가리고 아등바등 사는 것과 일이 너무 신나고 즐거워서 10시간을 1시간처럼 짜릿하게 일하는 것은 전혀 다른 문제란다.

토익 만점을 맞은 나의 후배 여기자도 아주 똑똑하지만 뒤늦게 유학을 가거나 다른 기업체에 들어가기 위해 토익시험을 본 게 아니다. 중학생이 된 딸에게 직접 영어를 가르치다가 "엄마도 영어를 별로 잘하지 못하면서"란 무시를 당하지 않으려고 딸과 함께 영어 공부를 하다가 자기 실력을 확인해보려고 시험을 본 거다. 그런데 새로 시작한 영어 공부가 재미있어 좀 열심히 했더니 만점을 받은 거라고 담담히(?)

말하더구나. 그 얘기를 듣고 "나니까 참지. 남들에게 그런 말하면 재수 없다고 한다"라고 농담을 하긴 했지만 그 후배는 정말 재미있는 도전이었다고 했다. 한석봉 엄마처럼 난 토익공부를 할 테니 딸은 영어단어를 외거라 식의 치맛바람도 아니었다.

하긴 나도 하는 일만 쭉 열거하면 남들이 보기엔 제법 치열하고, 혹은 욕심이 가득한 사람일지도 모르겠다. 10년이 넘게 새벽같이 일어나 아침 방송에 출연하고, 다시 신문사에서 일하며 취재나 기사 쓰기를 하고, 강의를 하거나 잡지 등에 칼럼도 쓰고, 여기자협회나 관훈클럽 등 언론인 모임에서도 한자리를 차지하고 있고, 또 나름 주부이니 살림도 하면서 책도 일주일에 서너 권은 읽으니 말이다. 시어머니가 중풍으로 쓰러졌을 때도 간병을 했고, 10년간 치매로 고생한 친정엄마를 모시고 살았으니 그런 말을 들을 만하다. 쓰고 보니 자랑질 같지만 다 사실이란 건 너도 알지?

그러나 실체는 어떠니……? 방송 출연과 강의는 모두 출연료나 강사료에 눈이 어두워 하는 것이고 신문사는 늘 다니던 직장이고 나이가 들어 중견기자가 되다 보니 여기저기 얼굴 비치라고 해서 나가는 것이라 생각보다 별로 힘들거나 지치지도 않는다. 뭘 하건 너무 잘하려고 신경을 쓰거나, 잘못되었다고 스트레스를 받지 않고 그저 재미있어서 하는 일들이라 그런 것 같다. 무엇보다 책을 읽고 글을 쓰고 남들에게 말하는 것을 좋아하는데 그 좋아하는 일로 돈까지 버니 얼마나 감사한지 모른다. 두 어머니의 병간호 역시 간병인이나 도우미 아주머니가 도와주셨고 밤에만 살짝 한 일이라 별로 힘들지도 않았다. 그걸로 생색내면 벌 받을 거다.

'치열'이란 단어에 너무 주눅 들 필요 없단다. 마음 맞는 친구들과의 수다 떨기, 아름다운 여행지를 찾아 돌아다니는 것, 감동적인 영화를 봤을 때의 가슴 떨림, 각종 전시회와 박물관에서 발견하는 새로운 세상이 네게 주는 기쁨과 에너지를 생각해보렴. 친구들과는 밤새 수다 떨고 몇 시간씩 인터넷에 푹 빠져 있으면서도 힘들거나 지겹던? 아마도 직업이나 직장에서 그런 기쁨을 지속적으로 발견한다면 남들이 보기엔 매우 치열하게 사는 것처럼 보일 거야.

그리고 그런 기쁨과 쾌감은 사람마다 다르단다. 어떤 이는 다른 사람보다 빨리 출세하는 것에서 승리의 쾌감을 느끼고 어떤 이는 통장에 잔고가 쌓일수록 행복해져서 수단 방법 안 가리고 돈을 벌기도 한다. 남들이 보기엔 동료나 선배를 짓밟는 것처럼 보여도 그들에겐 자신의 능력이 더 인정받아 월계관을 썼다는 자부심이 있을 테고, 치부의 욕망에 사로잡히면 비리나 불법도 가볍게 여겨지나 보더라.

나는 영화감독이자 코미디언인 기타노 다케시의 이 말을 좋아한다.

훌륭한 축구선수가 되기 위해 죽기 살기로 공을 차는 것도 좋지만, 그저 축구가 좋아서 열심히 신나게 뛰었더니 유명한 축구선수가 되는 것도 근사하지 않은가.

너도 대기업 사장이 되기 위해, 혹은 최고의 예술가가 되기 위해 안

간힘을 쓰며 살기보다는 일이 너무 좋아서, 작업하는 순간의 희열감이 너무 행복해서 알토란같이 시간을 보내다 보니 주위에서 인정을 해주는 그런 사람이 되길 바란다.

또 치열하게는 아니라도 무얼 하건 대충대충 슬렁슬렁 해서 되는 일은 없단다. 열정과 기쁨을 못 느끼는 사람은 아무리 젊어도 아무런 가치가 없는 시체와 같다. 몸만 관에 들어가지 않았지 좀비나 예비 시체처럼 되지 않으려면 기쁨이 영혼과 몸을 자극하도록 사소한 일에도 기쁨을 자주 느끼는 게 최선이다. 자아보다 더 강한 욕망에 너를 휘둘리지 말고, 단단한 자아를 만들도록 하렴.

자신만의 인생 속도를 가져라

"엄마, 친구들을 보면 초조할 때가 많아. 재수나 어학연수 등으로 시간을 보내지 않고 곧바로 대학 졸업해서 취직한 친구들 중엔 벌써 대리가 된 애들도 있어. 난 직장 경험이 있긴 해도 20대 후반에 대학원생인데 말야. 제 코스를 밟아 전력질주하는 친구들을 보면 내가 인생 달리기에서 너무 늦는 게 아닐까란 생각이 들어."

넌 자주 이런 말을 한다. 몇 년 전에 이런 말을 했다면 나의 답은 이랬을 거다.

"그러니까 제발 딴청 피우지 말고 계절학기까지 들어서 빨리 졸업하고, 졸업하기 전에 취업하고 결혼도 제때 해야 해. 취직 시험도 나이 제한이 있고 아이도 빨리 낳아야 산모 건강에 좋단다. 그리고 언제까지 이 엄마가 대학원이다 유학이다 네 뒤치다꺼리를 해야 하니?"

그런데 엄마는 이제 생각이 달라졌다. 일부러 인생 경험을 다양하게 해보겠다며 몇 년씩 휴학하고 세계일주를 떠나거나, 계속 전공을 바꾸어서 이 대학 저 대학 다니며 학사 학위 컬렉션을 하는 게 아니라면 인생을 느긋하게 관조하며 라이프 플랜을 여유롭게 짜보라고 권하고 싶다.

일단 무엇보다 이제 평균수명이 늘어나 호모 헌드레드, 100세 장수시대가 됐다. 그런데도 여전히 평균수명 70, 80대의 속도로 살면 안 된다고 생각한다. 이젠 신중년시대라고 해서 65세까지를 중년으로 구분하잖니.

인생은 단 한 번 뛰는 100미터 달리기가 아니야. 길고 긴 마라톤이지. 물론 마라톤도 선두 그룹에 섰던 선수들이 지속적으로 선두를 차지하다 메달을 따지 꼴찌를 하던 선수가 갑자기 괴력을 발휘하는 것은 아니지만, 초반에 반짝 속도를 낸다고 끝까지 그 실력을 유지하는 것은 아니란다. 마라톤처럼 인생도 정정당당한 완주에 의미를 두고 싶다.

사람들이 야구를 좋아하는 게 야구가 인생과 닮았기 때문이라고 하지? 야구는 상대의 압도적인 콜드게임이 아니라면 9회말까지 가봐야 결과를 알 수 있고 얼마든지 역전이 가능하고 연장전까지도 기다려봐야 한다. 시원한 홈런을 날리는 것도 중요하지만 3진 아웃을 안 당하는 것도 중요하고, 초반에 너무 힘을 빼서 후반에 대타를 등장시키는 것도 어리석은 일이다.

　내 경우도 그렇다. 난 재수도 하지 않고 대학을 졸업한 해에 곧바로 취직을 했다. 내가 기자로 잘난 척하며 기명 기사를 쓰고 해외출장을 다닐 때 겨우 대학원에 다니거나 신입사원으로 박봉에 시달리던 친구들은 다 날 부러워했다. 그런데 그때 대학원 학생으로 돈이 없어 내게 밥을 얻어먹던 친구는 박사 학위도 따고 대학교수가 되어 우리 신문에 기사가 아니라 칼럼을 쓴단다. 30여 년 전에 신인 디자이너로 상을 타서 내가 기사를 써줬던 내 대학동창 우영미가 대표적이다. 지금은 파리와 도쿄 등에 단독 매장을 내고 톱스타들이 다퉈 옷을 입는 세계적인 패션디자이너로서의 명성은 물론 압구정동 빌딩까지 재력도 막강하지. 반면 나는 여전히 박봉에 시달리는 기자라 항상 그 친구에게 밥을 얻어먹는다는 사실. 하지만 나보다 훨씬 유능하고 똑똑한 친구들 역시 직장 생활에서 겪는 각종 어려움이나 가정문제들로 사회생활을 접었는데 나는 끈질기게 버텨서 지금까지 일을 하는 것만으로도 축복이라고 생각한다.

　마흔 살이 넘어서야 자신의 이름을 대중에게 알리고 오십이 넘어서 다시 공부를 하겠다며 미국 유학을 떠난 한비야 씨가 했던 사람의 절정기와 꽃에 대한 비유가 마음에 와닿더구나.

　"나는 종종 사람을 꽃에 비유한다. 꽃처럼 사람들도 피어나는 시기가 따로 있다고 믿는다. 어떤 이는 초봄 개나리처럼 십 대에, 어떤 이는 한여름 해바라기처럼 이삼십 대에, 어떤 이는 가을의 국화처럼 사오십 대에, 그리고 한겨울 매화처럼 육십 대 이후에 화려하게 피어나는 거라고. 계절은 다르지만 꽃마다 각자의 한창 때가 반드시 오듯이 사람도 가장 활짝 피어나는 때가 반드시 온다. 그런 기회가 왔을 때 절대 놓치지 않도록 준비하는 것이 우리가 할 일이다. 모든 이들은 각자의 속도와 시간표가 있다."

고 박완서 선생님은 마흔 살이 넘어서 첫 작품을 발표하셨다. 작가적 소질도 있고 항상 습작을 했기에 가능한 일이었겠지만 아이 다섯을 낳고 살림하는 주부가 마흔 살에 첫 소설을 발표하기 전까지는 얼마나 초조했을까. 그런데 그분은 여든이 넘어서도 계속 주옥같은 작품을 썼고 독자들의 사랑을 담뿍 받았다. 패션디자이너 노라노 선생은 항상 차분하게 자기 일만 몰두해 86세인 지금도 현역으로 활동한다.

외국의 경우는 만개한 꽃들이 가득하다. 매들린 올브라이트 장관, 낸시 펠로시 하원의장 등 미국을 주름잡는 여성 정치가들은 가정생활에 충실한 후에 계속 공부를 하거나 자원봉사를 하면서 자신의 잠재력을 발휘하고 인정받아 60세가 넘어서 관직을 얻은 경우란다.

이젠 의학과 과학이 발달해 다들 원하지 않아도 오래 살게 되는 고령화 사회다. 20대에 인생의 승부를 걸고 30대에 성공의 정점에 서는 것을 목표로 한다면 그다음의 삶은 어떻게 펼쳐가려고 하는지 걱정이다. 정상에 올라 계속 머물 수는 없다. 그렇다고 늦게 핀 꽃만 아름다운 것도 아니고. 언제든 꽃을 피우려면 숱한 비와 바람을 견뎌내는 것이 필수란다.

 엄마의 구호는 대기만성인데 앞으로 찬란하게 펼쳐질 화려한 노년의 삶에 벌써부터 가슴이 벅차오른다. 환갑에 소설가가 될 수도 있고, 칠순에 할머니 장기자랑에 나가 상을 탈 수도 있고 팔순이 넘어 발레를 배울 수도 있을 거다.

 법정스님도 《살아 있는 것은 다 행복하라》란 책에서 다음과 같이 강조하셨다.

우리가 걱정해야 할 것은 늙음이 아니라 녹스는 삶이다. 인간의 목표는 풍부하게 소유하는 것이 아니라 풍성하게 존재하는 것이다

 아무리 나이가 들어도 자신의 감각을 녹슬게 하지 않는다면 우리는 몇 살이건, 언제든지 새로운 일에 도전할 수 있고 성취감을 만끽할 수 있지 않을까.
 네가 지금 20대 후반에 이룬 게 없다고 초조해하지만 우리 인생을 하루 24시간에 비유하자면 넌 겨우 오전 8시 정도일 뿐이다. 아침을 막 먹은 시간, 혹은 출근시간 무렵인데 대체 무슨 찬란한 업적을 바라니. 좀 느긋하게 삶의 속도를 조절하며 살아라. 성공만큼이나 중요한 게 오래, 행복하게 사는 거란다.

질투심이 없는 척하지 말고 이용하자

기성세대인 엄마는 '엄친딸' '알파걸'이란 말이 참 재미있더라.

엄마들의 말에 따르면, 이 세상엔 얼굴도 예쁘고, 공부도 잘하고, 부모님 말씀도 잘 듣는 그 많은 엄마 친구들의 딸들에다 못하는 게 없는 울트라슈퍼 능력의 알파걸들이 가득하니 말이다. 나와 전혀 상관없는 이들이라면 그저 부러운 걸로 그치지만 가까운 내 친구나 동료가 항상 내 곁에서 우월함을 자랑한다면 그건 가혹한 고문이겠지.

"뭐, 전생에 엄청나게 좋은 일을 많이 했거나 나라를 구한 모양이지요."

이렇게 초연하게 말하는 젊은 여성이 있다면 대단한 내공을 갖췄거나 혹은 완전한 내숭이다.

질투의 감정은 지극히 자연스러운 거다. 굉장히 재능이 많고 사교적인 음악가 살리에르도 하늘이 내린 천재 모차르트를 질투했고, 같이 피를 나눈 자매나 형제끼리도 질투를 하고, 며느리를 질투하는 시어머니 이야기는 삶의 한 과정일 정도다. 나보다 잘나고 인정받는 친구를 질투해서 자극을 받아 자신의 능력을 더욱 꽃피운다면 긍정적인 면도 있지만 자칫 과도하면 그 상대에 대한 열등감과 스트레스로 병을 얻게 되고 때론 악마 같은 마음을 만들어 범죄자가 된다. 백설공주의 계모도 아줌마인 주제에 어린 백설공주의 미모를 시기 질투해 살인교사를 하거나 직접 독사과를 들고 나서지 않았니? 신데렐라 언니들은 동생의 작은 발을 흉내 내려고 자기 발을 자르기도 했고…….

질투란 칼의 양날과 같아 잘만 활용하면 성장과 성공의 촉매제가 되기도 하고, 자칫하면 파멸로 이끌기도 한단다.

나이가 들면 자신의 한계를 깨닫게 되고 도저히 인력으로는 불가능한 일이 있다는 것을 인정하게 된다. 그래서 질투의 불꽃도 약해진다. 전엔 엄마도 나보다 공부도 못했는데 명문대에 들어간 친구, 나보다 성격도 나쁘고 얼굴도 별로인데 좋은 조건의 남편을 만난 친구, 나보다 빨리 승진한 동료, 나보다 돈 많이 버는 또래 등등을 질투하며 속을 부글부글 끓였다. 솔직히 아직도 책만 펴내면 베스트셀러가 되는 공지영 작가 때문에 배가 아프고, 나는 무수리처럼 초라하게 궁상을 떠는데 항상 여왕처럼 당당하고 카리스마 넘치는 백지연 씨가 얄밉게 보일 때도 있고, 동갑인데 차기 대통령 후보로도 거론되는 박영선 의원에게 질투를 느껴 '중고등학교 동창들은 당시엔 별 볼 일 없었다고 하던데……'라며 혼잣말을 하기도 하고, 대기업 간부로 스카우트된 모 여성 간부의 승진 소식에 나도 모르게 "어머, 한국에 인물 없다. 없어……"라며 그의 성공을 부정하는 말을 하게 된다. 너는 내가 누굴 흉보면 "엄마보다 더 잘난 사람이니까 질투하는 거지?"라고 정곡을 찌른다만…….

그러니 젊은 여성들이 누굴 질투하는 것은 너무 당연한 일이다. 만약 그런 감정이 전혀 없다면 그게 비정상이다. 어떻게 남의 행복에 박수갈채만 보낼 수 있겠니. 억지로 우아한 척, 착한 사람인 척 질투심을 억누르려 하지 말고 상대의 성공을 교훈 삼아 분발하거나 그의 장점을 파악해 벤치마킹이라도 하는 게 낫다.

미국 보스턴 출신의 심리요법사인 카렌 피터슨은 한 칼럼에서 젊은 여성들의 질투심, 특히 가까운 친구들에 대한 지혜로운 대응법을 제안했다. 안젤리나 졸리의 섹시함이나 마돈나의 스타성에 대한 질투야 상관없지만 항상 마주 봐야 할 친구에 대한 질투심을 잘 조절 못하면 서로 괴롭기 때문이다.

우선 '다름을 인정하고 극복하라'는 거다. 알고 보면 친구나 동료의 성공과 재능은 그가 우리 것을 빼앗은 것이 아니라 자신의 엄청난 노력의 결과다. 혹은 타고난 운명일 수도 있다. 있는 그대로 받아들이라는 거다. 요즘 유행어처럼 '전생에 나라를 구했나 보다'라고 마음을 다스리는 게 정신건강상 낫다. 그리고 왜 무엇 때문에 샘이 나는지 정확히 분석하고 파악해보는 것도 중요하다. 습관처럼 부러운 것인지 혹은 그 아이의 어떤 점에 마음이 뒤틀리는지를 알아야 한다. 그래야 심술꾸러기 마귀할멈이 아니라 세심한 심리학의 대가가 될 수 있다.

그리고 질투심을 거꾸로 삶의 활력소로 만들라고 피터슨은 조언한다. 우리가 그토록 부러워하고 질투하는 상대가 왜 그걸 얻었는지 분석해보라는 것이다. A학점으로 수놓은 성적표며 장학금, 각종 공모전에서의 수상, 마냥 예뻐해주시는 어른들, 끊이지 않는 이성들의 호감, 심지어 날렵한 몸매 등 뭐 하나 공짜로 얻는 것이 없다. 그가 밤새워 공부를 했거나, 선배들을 찾아가 도움을 받았거나, 상냥하고 애교 있는 태도를 보였거나 등을 잘 분석해서 그만큼 연구하고 노력하면 된다. 그 친구보다 더 잘되리라는 보장은 없다만 "그 계집애 재수 없어!"라고 심통 부리고 인형에 바늘을 꽂는 사람이 되는 것보다 훨씬 발전할 수 있는 계기가 될 거다. 어쩌면 항상 질투심을 자극하는 선의의 라이벌은 너를 성장시키는 동력이 된다는 것을 명심해라. 그 라이벌은 네가 무너뜨릴 적군이 아니라 너의 에너지를 자극하는 존재로만 여겨라.

혹시 네가 남들로부터 질투를 받을 수도 있다. 납작코의 소유자는 네 오뚝한 콧날을, 어둡고 우울한 성격이라면 너의 대책 없이 밝고 명랑한 성격을, 그리고 평소 공부를 안 하는데 그럭저럭 나오는 성적을 질투할 수도 있을 거다. 그럴 때는 교만한 표정은 절대 금물이지만 그렇다고 펄쩍 뛰며 부인할 필요가 없다. 너도 굉장히 노력한 거라고 알려주거나 실체를 설명하는 게 좋다.

　나도 좀 변했단다. 누군가 내게 젊어 보인다고 하면 예전엔 "아유, 아녜요. 자세히 보면 자글자글해요"라거나 "철이 없어 안 늙나 봐요"라고 말했다. 하지만 요즘은 "나름 신경 써요. 눈가 주름 방지 아이크림도 비싼 거 바르고, 시간 나면 마사지도 받고……. 세상에 공짜가 어디 있어요"라고 말한다. 마흔이 넘어 점점 더 예뻐지는 김희애나 고현정의 피부를 질투해 그 화장품을 발라봤어도 별 효과는 없긴 했지만 그래도 그들 덕분에 내 피부가 덜 황폐해졌다고 믿는다.

오리지널이 되어야 한다

 미용실에 가면 재미있는 풍경을 본다. "김혜수처럼 커트해주세요." "이효리처럼 까맣게 염색해주세요."

 동대문과 같은 시장에서도 비슷하다. 아줌마들도 '전지현 코트' '이지아 패딩' 등 연예인 이름이 붙여진 옷을 너도 나도 구입한다.

 그뿐이니. 친구가 쌍꺼풀 수술로 예뻐졌다며 자기도 수술을 하고, 사촌이 한약을 먹어 살을 뺐다고 체질을 따지지도 않고 덩달아 그 약을 먹고, 텔레비전 드라마에서 주인공이 외제차를 타고 나왔다고 고가의 차를 산다. 자신은 더 예뻐지고 더 세련되어지고 트렌드를 따라가

기 위해서라고 생각하지만 결국은 남의 삶의 모방 아니니? 외모나 옷 등 물건 구입은 그렇다 쳐도 남들이 해외에 어학연수 간다고, 로스쿨 간다고, 주식투자를 한다고 덩달아 하는 이들은 또 얼마나 많을까.

하긴 나도 이런 사람 흉볼 자격이 없다. 칠순의 할머니인데도 너무 우아하고 멋진 미국 하원의원장 낸시 펠로시가 굵은 진주 목걸이를 한 것이 예뻐 보여 백화점 세일 때 그 비슷한 가짜 진주 목걸이를 사기도 했고, 내 친구는 타고난 피부가 예술인데 그 친구가 다니는 피부과에 덩달아 가서 마사지를 받느라 헛돈을 썼고…….

나의 팔랑개비 귀가 부끄럽긴 하다. 이렇게 남을 흉내 내고 따라 하는 것은 예전부터의 관습법인가 보다. 그러니 쇼펜하우어도 "우리는 다른 사람들처럼 되기 위해 자신의 4분의 3을 상실하며 산다"라고 말했을 것이다.

물론 자신이 가장 닮고 싶고 이상적으로 생각하는 사람이 있어서 그의 태도나 표정, 혹은 그의 취향을 따라 하며 자신을 성장시키는 경우도 있다. 장성민 전 의원은 자신이 영웅이라고 생각하는 고 김대중 전 대통령이 노름이나 골프를 싫어해서 자신도 절대 고스톱이나 골프를 하지 않는다고 했다. 박근혜 대통령은 어머니 육영수 여사의 헤어스타일을 흉내 내 오히려 자신의 심볼로 삼아 인자하고 친근한 이미지메이킹에 성공했다.

중요한 것은 무엇을 하건 남을 흉내 내기 전에 자신의 가치를 인정하고 정체성을 귀하게 여기는 것이란다.

여자의 가장 매력적인 자산은 개성이라고 생각한다. 이 세상엔 아름답고 섹시하고 애교 많은 여자들이 수두룩해서 평범한 자신이 불만스럽다 못해 비참하게 여겨지지만 그들이 보여주는 이미지를 어설프게 흉내 내다 보면 정작 자신은 사라지지. 오히려 평범함이 가장 큰 무기이자 매력일 수 있단다.

하지만 단순하게 있는 그대로 대책 없이 살라는 것은 아니다. 자신의 독특한 매력과 개성을 개발해 최고의 모습을 보여줘야 하는 거지. 일단 자신을 냉정하게 파악, 분석해서 장단점을 가려내야 한다. 자기 외모의 특징, 학력이나 다른 자격증, 성격의 장단점, 다른 능력 등을 냉정하게 점검해보는 것이 필요하다. 박경림이 사각턱을 수술해서 V라인으로 바꾼다면, 개그맨 박명수가 갑자기 온순해진다면 여전히 인기를 누릴 수 있을까.

언젠가 한 기자가 배두나를 인터뷰하며 '복제할 수 없는 오리지널'이란 표현을 썼다. 결코 전형적인 미인형도 아니고 섹시한 것도 아니지만 그녀만의 자유분방함과 자연스러움이 비슷비슷한 성형미인들 사이에서 더 돋보여서 그런 표현을 한 것 같다.

누구나 오리지널이 돼야 한단다. 자신이 아닌 다른 사람이 되려고 애쓰지 말자. 우리가 어떤 사람에게서 매력을 느낄 때는 바로 그 사람만의 고유한 빛깔을 발견할 때다.

자신의 장단점을 파악해 그걸 최고로 만든 대표적인 인물이 재클린 케네디가 아닐까. 왕족이 없는 미국 사회에서 여왕 대접을 받았던 재클린의 첫 번째 남편은 미국 대통령, 두 번째 남편은 세계 최대 부호, 그리고 끝까지 곁을 지켜준 연인은 다이아몬드 무역상이자 높은 지성을 자랑하던 사람이었다. 영부인 시절에 그녀를 만난 프랑스의 드골 대통령, 소련의 흐루시초프 서기장 등 근엄한 지도자들조차 그녀의 매력에 감복했고 아직까지도 단아하고 심플한 그녀의 패션감각은 '재키 스타일'로 불린다. 왜 숱한 퍼스트레이디 가운데 그녀만이 지금까지도 가장 매력적인 여자로 기억되는 걸까.

재클린은 스스로 "눈과 눈 사이가 너무 멀어서 어지간한 큰 선글라스가 아니면 눈이 다 가려지지 않고, 머리가 너무 커서 맞는 모자를 찾으려면 백화점을 2주일 동안 뒤져야 한다"라고 표현할 만큼 완벽한 미모도 아니고 결점도 많은 얼굴이다. 그런데 그 결점을 감추거나 성형수술, 과한 화장으로 가리려 하지 않았다. 큰 머리에는 오히려 자그마한 모자를 써서 독특한 개성을 표현했고 뼈대가 큰 몸은 단순한 라인의 옷과 모노톤의 옷을 입어 재키룩을 만들었다. 당시엔 섹시한 마릴린 먼로, 고상한 그레이스 켈리, 청초한 오드리 헵번 등이 인기였는데 재클린은 그 누구도 흉내 내지 않았다. 만약 사각턱 얼굴에 직선형 몸매의 재클린이 마릴린 먼로처럼 빨간 립스틱을 바르고 홀터넥 드레스를 입었다면, 오드리 헵번처럼 소녀풍의 플레어스커트를 입고 쇼트커트를 했다면 어땠을까.

재클린은 총각시절부터 소문난 바람둥이었고 결혼 후에도 여성편력이 심했던 남편 케네디 대통령에게도 미모로만 승부하지 않았다. 그 어떤 섹시한 여성도 흉내 내지 못할 교양과 지적 능력으로 그를 사로

잡았지. 영어는 물론 프랑스어, 스페인어, 이탈리어에 능숙해 다양한 민족이 모인 미국의 유권자들에게 사랑을 받았고 해외순방에서도 그 실력과 매력으로 영부인 역할을 톡톡히 했다.

각종 설문조사를 보면 남자들이 선호한다는 여성의 스타일은 긴 생머리에 동그란 눈, 미니스커트 등의 옷차림이다. 그걸 모범답안 삼아 머리를 기르고, 쌍꺼풀 수술을 하고 치마만 입어 모든 남자의 취향에 맞는 만인의 연인이 되는 건 행복이 아니라 공포나 재앙이 아니겠니. 차라리 자신만의 개성을 자랑해 그 개성이 취향인 한 남자를 만나는 게 빠르다. 남자들은 당연히 예쁜 여자를 좋아하지만 예쁜 미모는 사흘이면 싫증나고, 못생긴 여자도 사흘이면 익숙해지고 정이 드는 게 인지상정이란다.

지금은 비록 네가 솔로이지만, 언젠가 너처럼 축구를 좋아하고 현대미술에도 관심이 많고 무척 웃기는 여자를 좋아할 남자를 분명히 만날 거야. 다들 취향이 다르잖니.

너만의 독특함을 만들어라. 남녀관계뿐만 아니라 사회생활에서도 이 점은 중요하다. 억지로 꾸며대어 사람을 얻으려 하지 말고 너만의 매력으로 사람이 모이게 만들렴. 그러기 위해선 〈햄릿〉에서 폴로니우스가 한 대사를 들려주고 싶다.

"무엇보다 네 자신에 충실하라!"

아름다움을 꾸준히 가꿔야 하는 이유

얼마 전 광고회사 간부 여성과 점심을 먹었다. 미모에 실력도 뛰어나고 가정도 평화로운, 남부러울 것 없는 사람이다. 그런데 이런 넋두리를 하더구나.

"내가 큰 계약을 성사시키면 '김 국장의 미인계가 통한 거야'란 말들을 해요. 그런 말을 들으면 굉장히 불쾌했는데 더욱 불쾌한 건 그게 전혀 근거 없는 말은 아니란 거죠. 내가 메이크업도 예쁘게 하고 세련된 스커트 정장을 입었을 때와, 부스스한 얼굴에 바지 차림으로 클라이언트를 만날 때를 보면 확실히 집중도가 달라요. 40대인 내 나이를 감안

하면 그건 성적 호기심은 아닌 것 같고, 냉정한 비즈니스의 세계에서도 얼굴이나 옷차림 등이 영향을 미친다는 증거일 거예요. 전문서적을 읽을 시간에 리프팅 마시지를 받는 게 유리할 거란 생각에 우울해요."

요즘 취업을 앞둔 딸을 둔 엄마들의 고민도 '리모델링'이더구나. 취업이나 결혼을 앞둔 딸들에게 엄마들이 해줄 수 있는 것이 취업 전략이나 예비 신부로서의 품성 지도가 아니라 뭔가 약간 부족한 미모를 성형수술 등으로 가꿔주는 거라니 좀 씁쓸하지만 그게 대한민국의 현실이다. 친구들이 모이면 이런 대화들이 자주 오간다.

"글쎄 내 딸에게 대학 전공이 마음에 안 들면 대학원에 진학하라고 했더니 차라리 그 학비로 자기 사각턱과 코를 성형수술하고 치아교정까지 받게 해달라는 거야. 너도 나도 다 가는 대학원에 가봤자 경쟁력이 없지만 미모가 돋보이면 취업이 쉽다면서 말이야."

"그 말이 맞다니까. 내 조카도 명문대학 졸업하고도 스무 군데쯤 면접에서 떨어져서 6개월을 백수로 지내다가 쌍꺼풀이랑 광대뼈 수술을 한 후에 입사 시험에 합격했어. 성형수술 후에 자신감이 생겨 태도가 달라진 건지 아니면 정말 회사들이 아직도 용모 차별을 하는 건지 모르겠지만."

미국을 비롯한 외국에서 성형수술 공화국이란 오명까지 받는 우리나라의 현실이 암담하고 부끄럽지만 개그맨의 유행어처럼 '그게 세상의 이치'인 걸 어쩌겠니. 정말 지나친 용모지상주의에 미모 가꾸기 열풍이 극도에 달한 것 같다. 국민운동이라도 펼치지 않는 한 이런 풍조는 쉽게 사그라지지 않을 듯싶다.

　아름다움을 싫어하고 거부하는 사람은 없다. 심지어 철학자 아리스토텔레스조차 "아름다운 외모는 최고의 추천장"이란 말을 했다. 내가 좋아하는 작가 겸 영화감독인 노라 에프론도 자신의 책에서 "내 인생에서 가장 후회막심한 일, 심지어 뉴욕 이스트 75번가의 아파트를 사지 않은 것보다 더 후회로 남는 건 젊을 때 충분한 시간을 들여 내 목을 애정 어린 눈길로 봐주지 않은 것이다. 그때는 그 싱싱한 목에 감사해야 한다는 생각을 눈곱만큼도 못 했다"라고 고백했다. 뛰어난 지성과 재능의 소유자인 노라마저도 가장 후회되는 것이 목 관리를 안 한 거라니……. 하긴 매들린 올브라이트나 콘돌리자 라이스 같은 미국의 장관들도 엄청나게 옷차림과 브로치 등 액세서리에 신경을 썼다.

　그런데 미모란 성형수술이나 화장술로 하는 위장이 전부는 아니다. 성형수술로 만들어져 모두 비슷비슷한 동그란 눈, 오뚝한 콧날, 도톰한 입술은 거부감을 준다. 대신 맑고 깨끗한 피부, 찰랑거리는 머릿결, 군살 없는 몸매, 늘 반짝이는 피부 등 타고 나기도 했지만 항상 신경 쓰고 꾸준히 관리한 외모가 중요하단다. 얼굴은 굉장히 예쁜데 옥수수 수염처럼 까칠한 머리카락, 화려한 옷차림인데 샌들 신을 때 보이는 발꿈치의 굳은살, 가늘고 긴 다리에 보이는 듬성듬성 난 털, 빨간 입술로 미소를 지을 때 드러나는 누런 이빨 등은 차라리 못생긴 여성을 봤을 때보다 더 충격적이고 배신감을 느끼게 한다.

　내가 신입사원 시절이었던 때만 해도 화장을 하는 것이 어색했고 특히 진한 화장은 경멸의 대상이었다. 하지만 요즘은 오히려 민낯을 보이는 것이 다른 사람에게 예의가 아니라고 여겨지는 시대다. 남편 장례식장에서도 은은하게 기본 화장을 하는 게 예의로 여겨질 정도다. 외모를 잘 가꾸지 않는 것이 무신경하고 무책임하고 게으른 사람으로 여겨지는 세상이다.

아프리카와 오지에서 주로 활동하는 구호전문가인 한비야 씨는 평소엔 화장도 거의 안 하고 옷차림에도 전혀 신경을 안 쓰는데 김혜자 씨가 이런 조언을 했다.

"자기랑 나는 사람들에게 언제나 가슴 아픈 얘기를 해야 하잖아요. 전하는 얘기가 힘들고 어려울수록 전달하는 사람은 매력적이어야 해요. 도와달라고 말하는 사람이 매력적이면 더 많은 도움을 받을 수 있어요."

나도 구시대의 편견, 즉 미모에 너무 많은 시간과 비용을 투자하는 것이 아깝고 머리가 텅 빈 여자들이나 하는 짓이란 생각으로 외모에 별로 신경을 쓰지 않았다. 네 표현을 빌리자면 거의 원시인 수준이었지. 피부 관리도 잘 받지 않고 자외선 차단제를 꾸준히 바르기 시작한 게 불과 1, 2년 전 일이다. 이제야 겨우 아이크림도 정성들여 바르고 피부미용 전문가들이 입 모아 말하는 수분팩도 일주일에 한 번 정도는 하려고 한다. 뒤늦게 보수작업을 하려니 돈이 더 든다.

요즘 《매력 자본》이란 책이 나왔기에 읽어봤단다. 에로틱 캐피탈이란 그 책에서 강조하는 것은, 지능이나 체력처럼 여성이건 남성이건 자신의 외모나 성적 매력을 자본으로 잘 활용해야 성공하고 원하는 것을 얻을 수 있다는 것이다.

　책을 읽어서 교양을 쌓는 것처럼 미모를 잘 관리하는 것도 다 자신에 대한 투자이고 자신을 사랑하는 일이란다. 수천 년 전에 태어난 공자도 매일 아침에 일어나면 손바닥을 비벼서 얼굴을 수십 번씩 문질렀다고 한다. 요즘 유행하는 페이셜 핸드마사지의 원조가 아닐까. 대통령을 비롯한 남성 정치인들도 항상 가벼운 메이크업을 하고 피부 관리를 받는다.

　남에게 보이기 위해서가 아니라 자신의 자산을 소중히 여기고 제대로 관리하려면 20대부터 부지런히 얼굴 마사지도 하고, 스트레칭 등을 해야 한다. 그렇다고 부모님의 카드를 들고 수시로 피부과나 스파에 드나들고, 최고급 화장품을 사라는 뜻은 아니다.

　너무 젊은 나이 때부터 고급스러운 중년 여성용 화장품을 바르면 피부의 자생능력이 없어지고 수시로 필링이나 레이저 시술을 받으면 피부가 만두피처럼 약해져 늘어진다.

　20대 젊은 시절보다 훨씬 피부도 곱고 가장 근사하게 나이 들어가는 탤런트 김희애 씨는 젊은 여성들을 위한 강좌에 나와 이렇게 말했다.

　"무엇이건 평생을 해야 한다는 각오로 꾸준히 하는 게 아름다운 외모를 유지하는 비결이에요. 난 오이 마사지가 피부에 좋다고 하면 몇 번 하고 마는 것이 아니라 늘 꾸준히 해요. 항상 신경을 쓰고 습관처럼 꾸준히 하는 게 중요하죠."

　엄마의 말은 무시하는 너도 이 말에는 동의했다. 최고급 화장품이 아니라 꾸준한 생활습관이 중요하다는 걸. 기독교 신자들이 날마다 기도하는 시간을 가지듯, 너도 기도하듯 네 외모를 다듬는 시간을 가지렴. 좋은 유전자를 주지 못한 엄마의 비겁한 충고이긴 하다만……..

감사하기 때문에 행복하다

지독하게 가난한 미혼모에게 태어나 어머니의 품이 아닌 외할머니 손에서 자랐다. 어릴 땐 맞거나 굶는 게 다반사였다. 10대에 친아버지를 찾아 아버지의 고향으로 갔을 때 그곳에서 삼촌과 사촌에게 성폭행을 당했다. 열네 살에 출산과 동시에 미혼모가 되었지만 아이는 태어난 지 2주 만에 죽었다. 마약중독인 애인에게 사랑받기 위해 자신도 마약을 상습 복용했다. 스트레스 받을 때마다 먹어 107킬로그램의 몸매를 가졌다…….

세상에 이렇게 엉망진창에 파란만장한 삶이 어디 있나 싶은 생각이

들지만 이 스토리는 전 세계의 1억 4000만 시청자를 웃고 울리는 토크쇼의 여왕 오프라 윈프리의 이력서다. 최근엔 미국 백악관의 집사 이야기를 다룬 〈버틀러〉란 영화에 출연해 탁월한 연기력을 보여주기도 했지.

그녀는 해마다 〈포브스〉〈포춘〉 등 경제지에서 '세상에서 가장 돈이 많은, 돈을 많이 번 여성'으로 꼽히고 사람들로부터 사랑과 존경을 받는 아이콘이 됐다. 여전히 인종차별이 극심한 미국에서 흑인인 오바마가 대통령이 된 것 역시 오프라가 적극적으로 지지한 덕분이라고 할 만큼 영향력도 대단하다.

그녀가 진행하는 〈오프라 윈프리 쇼〉나, 그녀가 매달 표지 모델로 등장하는 잡지 〈O〉를 보면 그녀의 성공 비결을 알 수 있다. 그녀는 매순간 감사하고 매일 감사 일기를 쓴단다. 그녀에 관해 쓴 책이 수십 종에 이르는데 그 책마다 빠지지 않는 것 역시 아버지가 지도했다는 '감사 일기'다. 세상에서 가장 바쁜 사람 중에 한 사람이지만 밥 먹는 일 외에 그녀가 하루도 빼먹지 않은 일이 날마다 감사 일기를 쓰는 일이란다.

"당연하죠. 재산이 수조 원이고 도처에 호화저택에 자가용 비행기까지 있고 대통령은 물론 톰 크루즈까지 친구인데 어떻게 감사하지 않을 수 있겠어요."

그런데 정작 그녀가 날마다 쓰는 감사 일기는 '오늘 재산이 얼마 불어나 감사하다' '브래드 피트와 만나 식사했다. 미남을 만나 감사하다' 등이 아니다. 정말 누구에게나 일어나는 평범한 일을 그녀는 진심으로 감사한다.

오늘도 거뜬하게 잠자리에서 일어날 수 있어서 감사합니다.
유난히 눈부시고 파란 하늘을 보게 해주셔서 감사합니다.
점심 때 맛있는 스파게티를 먹게 해주셔서 감사합니다.
얄미운 짓을 한 동료에게 화내지 않았던 저의 참을성에 감사합니다.
좋은 책을 읽었는데 그 책을 써준 작가에게 감사합니다.

얼마나 사소하고 소박한 감사니.

오프라 윈프리는 감사 일기를 통해 두 가지를 배웠다고 한다. 첫째는 인생에서 소중한 것이 무엇인지 그리고 둘째는 삶의 초점을 어디에 맞춰야 하는지를 말이다.

미국의 명 앵커 데보라 노빌은 오프라 윈프리와 대조적인 인물이다. 그녀는 금발의 미인에 가정환경도 좋다. 하지만 그녀 역시 치열한 전쟁터 같은 미국 방송계에서 성공한 비결이 '감사의 힘'이라며 동명의 책을 펴냈다.

세상에서 가장 어려운 산수가 있다면 그것은 바로 우리에게 주어진 축복을 헤아리는 것이다. 불행한 사람들은 자기가 갖지 못한 것만 보면서 한탄한다. 반면 행복한 사람들은 자기가 가진 것에 충분히 만족해하며 감사함을 느낀다. 감사라는 주사를 매일 거르지 말자. 시련이라는 병마를 만났을 때 다른 사람보다 빨리 이겨낼 수 있을 것이다. 인생에서 중요한 것은 좋은 스승, 좋은 친구, 좋은 사람들을 많이 가지는 일이다. 그리고 그 인간관계의 포인트는 정직과 감사이다……. 하루하루 기쁨을 느끼며 살아가는 것, 그것이야말로 이 세상 최고의 예술이다. 우리는 최고의 예술가가 될 수 있다.

대한민국에서 성공했다고 인정받는 이들을 인터뷰하며 발견한 그들의 공통점은 '감사할 줄 아는 사람'이란 것이다. 그들의 직업이나 성격은 다르지만 그들은 자신이 믿는 하느님, 부모, 배우자, 동료, 친구들에게 감사할 줄 알았다. 그들이 받은 은혜와 축복에만 감사한 것이 아니라 오히려 그들에게 닥쳤던 불행과 고통에도 감사했다.

대한민국에서 최고의 디자이너로 꼽히는 진태옥 선생은 올해 80세다. 아직 현역으로 맹활약하고 요즘도 소녀 같은 호기심으로 세계 곳곳의 박물관과 전시회를 찾아가 영감을 얻는 그분은 부와 명예를 다 가진 분이다. 그러나 오늘이 있기까지는 인간적 고통도, 디자이너로서의 고뇌도 많았겠지만 그걸 오히려 감사함으로 받아들였다.

"80년 가까이 살다보니 세상에 공짜는 없는 것 같아요. 몸서리치도록 고통스러운 일이 생겨 겨우겨우 그걸 이겨내면 그만큼의 축복과 기쁨이 따라오더군요. 죽도록 아파봐야 나았을 때 그만큼의 생의 환희와 생명의 소중함을 느끼듯이 말이죠. 그래서 요즘은 뭔가 어렵고 힘든 일이 생기면 먼저 입가에 웃음이 지어져요. 이번에 내게 보내준 고통 보따리 뒤에 어떤 즐거움과 행복이 감춰져 있을까 하고요. 그래서 항상 내게 주어진 행복만이 아니라 내게 닥친 고통에도 감사하는 마음을 갖게 됩니다."

치매로 투병 중인 네 외할머니와 해도 해도 끝이 없는 일에 지쳤을 때 그분이 들려준 이야기는 내게 엄청난 위로가 됐단다. 젊은이들이 진태옥 선생 같은 내공을 갖기는 어렵다. 그러나 작은 일에도 감사하고 누구에게나 "감사합니다" "고맙습니다"라고 말로 표현하는 이들에게 사람들이 모이고 행운이 따르게 된단다.

능력과 외모를 다 갖췄는데도 항상 일이 잘 풀리지 않는 후배가 있었다. 나도 몇 번이나 일과 사람을 연결해줬지만 늘 결과가 좋지 않았다. 그리고 단 한 번도 그 후배로부터 "신경써줘서 감사합니다"라는 말을 듣지 못했다. 오히려 왜 그런 사람을 소개시켜줬느냐고 투덜대거나 돈을 조금밖에 못 받았다며 불평을 늘어놓더구나. 만약 그 후배가 한마디라도 "늘 힘이 돼줘서 너무 고마워요. 그리고 제게 일을 맡겨준 분께도 참 감사드려요"라고 말했다면 난 여전히 신명나게 일거리를 찾고 다닐 거다. 일에 최선을 다하지 않는 것보다 감사의 말을 모르는 것이 그에겐 치명적 약점이었다.

내가 네게 수시로 뭘 사주는 것도 네가 아주 작은 선물을 받을 때마다 지나치게 감사해서다. 언젠가 백화점에서 네 옷을 사줄 때 네가 하도 "엄마, 감사합니다. 감사합니다"를 연발하니까 종업원이 "친엄마세요?"라고 물었지. 아마 하도 감사의 말을 반복하는 네가 마치 악독한 계모가 모처럼 은혜를 베푸는 것에 감사하는 줄 알았던 모양이다.

'감사합니다'는 가장 단순하고 쉬운 말이지만 가장 무서운 효력을 지닌 말이다. 날마다 밥 먹고 차를 마시듯, 혹은 이를 닦듯 우리의 일상생활에서 이 감사하다는 말을 생활화해야 한다. 감사의 남발이나 과대 복용 부작용은 전혀 없으니까 말이다. 물론, 진심이 담기지 않은 '감사합니다'란 말은 114 안내원의 '사랑합니다, 고객님'과 별다르지 않다만…….

모든 건 애티튜드의 문제

내가 인터뷰할 무렵, 진대제 전 정보통신부 장관은 알파벳 놀이에 심취해 있었다. 외국의 지인으로부터 배웠다는 알파벳 놀이는 첫 글자인 A는 1점, 두 번째 B는 2점 등으로 마지막 Z에 26점을 부여하는 방식을 사용해 한 단어의 점수를 내보고, 내 인생에서 중요하고 필요한 것을 찾아보는 일종의 지적 게임이다. 강연을 할 때 이 게임을 자주 했다.

"100점짜리 인생을 사는 데 가장 중요한 것은 뭘까요?"

진대제 전 장관은 이렇게 말을 시작한다.

"열심히 일만 하면(hard work) 100점 인생을 살 수 있을까요? 아뇨,

그 단어의 알파벳을 조합하면 98점입니다. 지식(knowledge)이 많으면 96점, 사랑(love)이 가득해도 54점짜리 인생밖에 안 됩니다. 하지만 바로 '마음먹기(attitude)'는 100점이 나옵니다."

우리가 마음먹기에 따라, 또 태도(attitude의 다른 뜻)에 따라 100점짜리 인생을 살아갈 수 있다는 해석이다. 알파벳이 참 신통하기도 하다. 나 역시 애티튜드, 즉 태도가 우리에게 가장 중요하다고 생각한다.

내가 다양한 사람들을 만나면서 배우는 것은 태도의 중요함이다. 사람들에게 감동을 받거나, 스트레스를 받는 것은 모두 그들의 태도 때문이다.

졸렬한, 치사한, 쪼잔한, 비열한, 싸가지 없는, 건방진, 무례한, 비굴한, 나태한, 냉소적인, 이중적인, 이기적인, 역겨운, 느물대는, 뻔뻔한 등 우리가 상대에게 불쾌감을 느끼는 것은 모두 그 사람의 태도 때문이다. 그러나 '태도'란 단순히 그 사람의 자세나 행동만을 뜻하지는 않는다. 태도는 오랜 생각과 습관의 표현이기도 하고 자신에게 다가온 일이나 사안에 대해 마음을 먹어 행동으로 옮기는 삶의 방식이다.

또 행복한 사람이란 좋은 환경에 있는 사람이 아니라 좋은 태도를 지닌 사람이더구나.

그동안 기자로서 인터뷰나 모임을 통해 만났던 숱한 사람들 가운데서 좋은 이미지를 갖고 다시 만나고 싶어지는 이들 역시 화려한 외모나 현란한 화술, 혹은 재력이 아니라 호감이 가는 태도, 긍정적인 사고를 가진 사람들이다. 아무리 유능한 실력자나 유명 스타라 해도 태도가 불량한 이들과는 만나고 싶지 않다. 그들의 역겨운 태도를 인내하기엔 내 시간이 너무 아깝기 때문이다.

  10여 년 전 일이지만 KBS 〈TV 생활법정〉이란 프로그램에 출연한 적이 있었다. 진짜 우리 생활에서 일어난 사건 의뢰자와 상대방이 직접 출연해 각자의 입장을 말하고 법관들의 판결을 받는 프로그램이었지. 사진 스튜디오에서 웨딩사진을 망쳐놨다거나, 물건을 구입해서 고장을 낸 다음 돌려줬다거나 등등 사연은 다양한데 나중에 법관들이 내리는 판결이나 방청객과 시청자들의 마음속 재판 결과는 사건의 진실이 아니라 양쪽 사람들의 태도가 더 많은 영향을 미치는 것 같았다. 그들이 방송국에까지 나오게 된 이유 역시 양쪽의 태도에 불만을 느껴서였다. "당신이 그때 진심으로 사과만 했어도 내가 이러지 않아" "댁이 그렇게 떠들어 망신만 안 줬어도 돈을 물어줬을 거야"라며 서로의 태도를 나무랐다. 그리고 신기하게도 "제가 진심으로 사과드립니다"란 말에 그토록 화를 내던 사람이 눈 녹듯 풀어지더구나.

  긍정적 태도는 주변 사람들에게 좋은 인상을 주는 것은 물론 어떤 극한 상황이나 어려움도 이겨내게 한다. 2차 대전 당시 나치 포로수용소에 있던 이들 가운데서도 어떤 이들은 죽음의 공포에 못 이겨 시름시름 앓다 죽기도 하고, 또 어떤 이들은 "그래도 언젠가 자유를 찾을 거야"라며 긍정적 신념으로 버텨 결국 해방의 기쁨을 누렸다.

  암에 걸렸을 때도 마찬가지다. 같은 암에 걸려도 "아이고, 이제 난 죽는다. 스트레스가 암의 주범이라는데 이게 다 그 영감이 내 속을 썩였기 때문이야. 남편이 아니라 웬수야, 웬수"라며 한탄만 하는 이들은 명을 재촉한다. 반면 "암이란 손님이 내게 찾아왔구나. 잘 대접해서 돌려보내자"라거나 "그동안 산 것도 감사하니 아름답게 삶을 마무리하자"라는 태도를 보인 이들은 의학적 생명의 한계보다 오래 살거나 항상 평화를 유지한다.

전 세계적인 베스트셀러로 3천만 부나 팔려나간 《영혼을 위한 닭고기 수프》는 3년 동안 33번이나 모든 출판업자들로부터 거절을 당한 책이다. 그러나 잭 캔필드와 마크 빅터 한센은 실패했다고 좌절하지 않았다. 33번이나 거절당하면서도 다시 34번째 출판사에 찾아가게 한 힘은 바로 그들의 긍정적 태도였다. 한두 번 거절을 당한 후 포기했다면 그들은 오늘의 달콤한 승리를 맛보지 못했고 해마다 쏟아지는 수십억 원의 인세를 받지도 못했을 것이다.

태도는 과거보다 중요하고 교육이나 돈, 환경, 실패나 성공보다 중요하다. 또한 다른 사람들의 생각이나 말이나 행동보다 중요하며 외모나 재능, 기술보다 중요하다. 우리는 그날 하루를 받아들이는 태도를 선택할 수 있다. 과거를 바꿀 수도 없고 사람들이 특정한 방식으로 행동하려는 사실을 바꿀 수도 없다. 우리는 피할 수 없는 것은 바꿀 수 없다. 우리가 할 수 있는 것이라고는 우리가 가진 줄 위에서 노는 것뿐인데 그 줄이 바로 우리의 태도다. 인생이란 일어나는 일 10퍼센트, 그 일에 반응하는 방법 90퍼센트로 구성된다고 확신한다. 그것은 당신에게도 마찬가지로 우리가 어떤 태도를 지닐지는 우리 자신이 결정한다.

어느 책에서 읽은 찰스 스윈돌 박사의 말에 감명받아 나는 요즘 '태도'를 수정하고 있다. 그동안 나는 어려움이 닥치면 도망가거나 투덜거리기만 했다. 나를 괴롭히는 이들을 원망하고 내 팔자를 한탄했다.

'저 인간은 왜 이런 사소한 일로 역정을 내나.' '어쩌면 뻔뻔하게 그런 요구를 할 수 있을까.' '하나님은 대체 날 얼마나 단련을 시키려고 이런 일들로 날 시험하나, 아이구 내 팔자야.'

하지만 이젠 무조건 긍정적인 태도로 받아들이려 한다.

'오호라, 저 분은 이런 일에 굉장히 민감한 반응을 보이는군. 다음엔 자존심을 마구 살려주는 칭찬을 해줘야지.' '저런 뻔뻔함도 굉장한 무기다. 나도 언젠가 저런 전법을 써봐야지.' '쓴 잔이라고 거부만 할 게 아니라 기꺼이 마셔보자. 쓰건 달건 모든 맛에는 다 의미가 있겠지.'

얼마 전 작가 김형경 씨가 우리 신문사 독자들을 대상으로 강의를 했다. 정신분석을 오래 공부한 그녀는 유난히 잘 흥분하고 화를 내고 분노하는 이들이 결국은 타인이나 그 상황이 아니라 '화를 내는 자신에게 화를 내기 때문'이라고 하더라. 잔소리가 많은 상사 때문에 화가 나는 게 아니라 그런 상사를 못 견디는 자신에게 화를 내는 거란 분석이다. 그래서 마음의 태도를 좀 바꾸면 화를 낼 일도 줄어든다고 했다.

투덜거리며 한숨만 내쉬는 것보다는 모든 일에 다 메시지가 있고 모든 사람이 네가 공부할 교과서라고 마음먹으면 숨쉬기가 편해질 거야. 정말 인생은 마음먹기에 달려 있고 그에 따라 천국과 지옥이 결정된다. 누구에게나 공평하게 찾아오는 하루, 그걸 거부할 능력은 없지만 아침에 일어나 웃으며 시작할지 투덜거리며 하루를 맞을지는 우리가 선택할 수 있다. 미소와 빈정거림, 그게 우리의 태도이고 어떤 태도를 갖느냐에 따라 인생이 달라진다. 마음을 근심과 걱정으로만 채워 내 삶을 공포영화나 서글픈 블랙코미디로 만들지 말고, 즐겁게 마음먹어 명랑 로맨틱 드라마로 만들어보자.

사르트르가 말했듯 인간은 아무리 잘난 척해도 B(Birth, 탄생)와 D(Death, 죽음) 사이에 갇힌 존재다. 다만 그 사이의 C(Choice), 즉 현명하게 선택하는 것이 중요하다. 그러나 더더욱 중요한 것은 맨 앞에 있는 A(Attitude)가 아닐까. 그러니 태도가 우리 삶의 질을 결정한다는 걸 잊지 말자.

밤마다 '딴짓'을 하라

가수 조영남 씨는 스스로를 지공선사(지하철을 공짜로 타는 노인), DKNY(독거노인)라고 부르며 즐거워한다. 말이 독거노인이지 연예인 집 가운데 가장 비싸다는 청담동 빌라에서 수시로 찾아오는 젊은 친구들에 파묻혀 지낸다. 날마다 MBC 라디오 방송의 MC를 맡고 각지에서 열리는 음악회나 축제에 초대를 받아 전국을 누비고 미술 전시회를 열고 틈틈이 글을 써 천재 시인 이상의 평전도 펴냈다.

3년 전 작고한 헤어 디자이너 그레이스 리 선생은 칠순 넘어서 세 종류의 암에 걸려 말기 암 판정을 받았는데도 돌아가시기 직전까지 단골

고객들의 머리를 잘라주고 패션전문지 〈바자〉에 요리 칼럼을 연재했다. 통영에서 중국집을 운영하기도 했고 국내는 물론 해외에 있는 친지와 제자들이 수시로 안부를 묻고 식사 초대를 해서 바쁜 날들을 보내셨다.

이들이 이처럼 즐겁고 화려한 노년을 보내는 비결은 그들의 딴짓(?) 덕분이다. 다들 외길 인생을 찬양하지만 너무 자기 직업과 본업에만 몰두하면 편식을 한 듯 인생의 균형을 잡기 어렵다. 더구나 요즘처럼 멀티플레이어의 재능이 요구되는 시대에는 자신이 좋아하는 취미생활이나 다른 일에도 관심을 쏟아야 한다.

취재 때문에 알게 된 한 여교수는 얼마 전 명예퇴직을 했다. 정년까지 견디기엔 몸도 많이 약해졌고 교육 환경이 너무 달라져서 60세가 되기 전에 퇴직을 한 것이다. 난 거액의 퇴직금을 받고 이제 자유(?)의 몸이 된 그분이 너무 부러웠다.

"좋겠어요. 훨훨 신나게 살 일만 남았잖아요. 이젠 여행도 맘껏 다니고, 이것저것 취미생활도 해보세요. 너무 고상하고 우아하게 사셨으니까 말년은 야성적이고, 섹시하게 보내면 어떨까요."

나는 웃자고 한 말에 그분은 쓸쓸한 미소를 지으며 이렇게 말하더구나.

"난 자신이 없어요. 무슨 큰 뜻을 갖고 퇴임한 게 아니라 너무 지쳐서 빨리 그만둔 거예요. 놀고 싶고, 즐기고 싶어도 뭘 해야 할지를 모르겠어요. 평생 학교와 집만 오갔고 공부만 했거든요. 여행도 건강할 때 가야지, 관절이 약해져 오래 걷지도 못해요. 전공서적 외의 책들도 '이담에 시간나면 읽어야지' 하고 서재에 쌓아뒀는데 눈이 시큰거려 몇 장을 못 넘겨요. 그래서 후배들이나 제자들에게 강조해요. 제발 딴 짓 좀 하라고. 사명감 때문에 하는 일 말고 그저 즐거워하는 일도 하라고······."

사회와 직장에서 인정받고 성공의 트로피를 쥔 여성 가운데도 정작 우울증에 시달리는 이들이 많더구나. 한 여성은 지금 차지한 높고 훌륭한 회전의자에서 언제 튕겨 나갈지 모른다는 불안감을 견디다 못해 신경정신과를 찾았을 때 의사가 이런 조언을 해줬단다.

"왜 인생의 목표가 일과 직장에서의 성공과 성취감뿐이라고 생각하십니까? 그건 열심히, 최선을 다해 일한 것에 대한 보상이자 선물일 뿐이지 당신 인생의 본질이 아닙니다. 때론 가족들을 위해 요리를 하는 것이 직장에서 한 단계 더 승진한 것보다 보람 있고 가치 있는 일일 수 있어요."

언젠가 가수 패티김도 70세 기념 콘서트를 앞둔 인터뷰에서 이런 말을 했다.

"가수로선 최고의 영광을 누렸지만 개인적으론 불행한 순간도 많았어요. 패티김(가수)을 위해 김혜자(패티김의 본명)가 너무 많은 희생을 했답니다. 혜자에게 미안해요."

생각해보니 내가 지치지 않고 직장 생활을 한 것도 딴짓 덕분이었다. 기자 일에 최선을 다하지 않는다는 비난을 받긴 했지만 방송 출연을 하면서 각계각층의 사람들을 많이 만나 취재에 큰 도움이 됐다. 또 강연을 다니고 책을 써서 그 수입으로 생활에 보탬이 되고 친구나 후배들에게 밥도 잘 살 수 있었다. 그리고 방송 출연이나 강연을 하기 위해 갖가지 분야를 이것저것 공부하면서 얇지만 넓은 지식을 얻는 데 도움이 됐다. 무엇보다 한 가지 일만 하면서 느끼는 지루함을 못 느끼고 항상 새로운 자극을 받았다. 최고의 기자는 못 되었지만 '인간' 유인경으로 항상 즐겁고 재미있게 살아온 것 같아 주의산만하게 산 지난 삶이 부끄럽거나 후회스럽진 않다.

무라카미 하루키도 세계적인 베스트셀러 작가로 대중적 사랑을 받으면서 해마다 노벨상 후보로 거론된다. 1949년생이니 적지 않은 나이인데 그는 청년처럼 마라톤을 하고 세계 마라톤대회에도 참여하고 고양이를 기르거나 재즈음악을 광적으로 즐겨듣는 등 다채로운 활동을 한다. 그래서 소설책 외에도 마라톤이나 재즈에 관한 책을 내기도 했다.

《좋은 기업을 넘어 위대한 기업으로》의 저자이자 경영사상가 짐 콜린스의 사무실은 요세미티 공원 근처에 있다. 암벽타기가 취미인 그는 목숨 걸고 산을 오르면서 머리를 비우고 스트레스를 해소하고 인생의 지혜를 배운다고 한다. 그의 사무실에는 'Curious George'란 호기심 많은 침팬지 인형이 있고, 사람들에게 자신만의 '고슴도치'를 찾으라고 강조한다.

매사에 호기심을 갖고 이것저것 돌아봐야 식견도 넓히고 즐거움을 찾을 수 있다. 또 간교한 여우는 많은 것을 알지만 고슴도치는 한 가지 큰 것을 안다. 즉 여우가 공격할 때 몸을 말아 동그란 작은 공으로 변신하는 재주다. 여우가 훨씬 교활하지만 결국 이기는 건 늘 고슴도치다. 누구든 자신만의 개성으로 세계 최고가 될 수 있다는 것이다.

행복하게 사는 데는 균형감각이 중요하단다. 균형감각은 일과 가정, 사랑과 일 등을 균등하게 나누는 것이 아니다. 철저하게 회사 업무는 몇 시간, 집안일은 몇 시간, 하고 똑같이 나눈다고 둘 다 효율적이고 평화로워지지도 않는다. 진정한 균형감각은 극과 극을 다 오가서 가장 중앙점에 설 수 있는 감각과 능력을 뜻한다. 미친 듯 일에 열중해봐야 휴식의 달콤함, 가정과 가족의 소중함도 알 수 있다. 또 죄의식을 느낄 만큼 실컷 딴짓에 몰입해봐야 "아, 이젠 정신 차리고 일해야겠다"라며 일에 집중할 수 있다.

네가 해준 네 대학원 영어교수의 말이 참 감동적이더라. 그 여교수는 학생들에게 "영문법 책을 사지 마라. 그런 건 도서관에서 빌려봐. 대신 그 돈으로 영화, 연극을 보고 전람회를 가렴. 그게 너희들이 공부하면서도 아르바이트해서 돈을 버는 이유이고 우리 어른들이 세금을 내고 너희들을 공부시키는(프랑스는 공립학교의 경우 대학원도 무료다) 이유란다"라고 말했지.

직장 생활을 하다 보면 질식할 듯한 순간이 찾아오는데 그걸 풀어줄 방법이 딴짓의 매력이자 역할이다. 그리고 때론 그런 딴짓이 네 다른 직업이 될 수도 있다.

명함이 사라졌을 때, 직장에서 물러났을 때 외롭고 비참해지지 않으려면, 아니 그 이전에 내 인생의 주인으로 삶을 풍요롭고 행복하게 만들려면 '업무'가 아닌 다른 놀거리를 찾아야 한다. 때론 그 시시껄렁한 놀이가 내게 전혀 다른 인생을 선물해줄 수도 있으니까.

'나중에'가 아니라 '지금'

딸아. 늘 그렇지만 오늘은 내가 너무 한심하게 느껴진다. 실수를 저지르거나 사고를 친 건 아니다. 내가 한 행동이 아니라 하지 않았던 일에 대한 후회 때문이다.

오랜만에 친구에게 연락이 왔다. 한동안 소식이 뜸해 궁금했는데 드디어 박사 학위를 따서 강의도 시작했다는 소식을 전했다. 이젠 나도 남의 행복을 축하해줄 만큼 마음이 넓어져서 진심으로 그 친구의 학위 취득을 축하해줬다.

"그래, 정말 대견하다. 나이 오십 넘어 박사 학위를 따다니! 전직 대통령, 전 남편은 있어도 전직 박사란 말은 없잖아. 박사 학위는 대단하고 영원한 거야. 정말 축하해!"

이렇게 축하를 해주다가 10년 전의 일이 떠올랐다. 그때 그 친구는 뒤늦게 대학원에 진학한다면서 내게 함께 대학원 진학을 하길 권했다. 학력 인플레가 심각하니 이젠 석사 학위를 따야 예전의 학사 정도 취급을 받는다, 또 날마다 쳇바퀴 도는 일상으로 시간을 흘려보내지 말고 다시 공부를 해서 신선한 자극을 받으라고 했다.

나도 당시엔 석사 학위에 대한 욕심은 있었다. 하지만 네가 고등학생이었고 친정엄마가 치매로 고생 중인데 대학원 수업을 들으려면 일주일에 한두 번은 일찍 퇴근해야 하니 회사 눈치도 보일 것 같아서 포기했다. 사실은 나이 40대 중반에 석사 학위를 따고 또 이어서 박사 학위를 딴들 별 부귀영화가 있을 것 같지도 않고 대학교수가 될 야심도 없었기에 미련도 없었다. 당시 "이 나이에 대학원 공부를 시작하면 쉰 살이 넘어서야 박사 학위를 딸 텐데 그 나이에 뭐 하겠니"라는 내게 친구는 이렇게 말했다.

"인경아. 네가 대학원에 다니지 않아도 50세란 나이는 찾아와. 우리가 뭘 하건 안 하건 시간은 흘러가는데 이왕이면 그 시간에 공부도 하고 학위도 따고 나를 발전시키며 시간을 보내면 더 좋잖아. 물론 넌 기자 생활을 통해 학위를 따는 것보다 더 많은 일을 할지 모르지만 우리 인생은 알 수 없는 거야."

그 친구는 혼자 대학원에 진학했고 꾸준히 공부를 계속해 박사님이 되었다. 그리고 다니던 직장을 그만두고 대학과 대학원 강의를 한다.

아직 정교수는 아니지만 가능성이 전혀 없는 것도 아니다. 무엇보다 학생들을 가르치고 새로운 학문을 연구하는 것이 너무 기쁘고 행복하다고 했다. 그 친구가 차근차근 공부해 석사, 박사 학위를 따고 교수란 영광된 자리에 앉는 동안 내가 지구온난화나 북핵과 통일 문제 등을 연구하거나 하다못해 알토란 같은 자격증을 딴 것도 아니다. 나는 그 동안 맛있는 것을 먹고, 친구들을 만나 수다 떨고 텔레비전의 드라마나 오락 프로에 심취해 시간을 보냈다. 물론 그 친구가 모르는 연예 정보, 맛집 정보는 훤히 꿰고 있긴 하다만……

우리에게 기회가 왔을 때, 혹은 뭔가를 해야겠다고 생각났을 때 재빨리 행동에 옮기는 것이 중요하단다.

여행이나 쇼핑을 할 때도 그렇다. 모처럼 외국 여행을 가서 어느 곳을 더 둘러보고 싶지만 좀 피곤하면 언젠가 다시 올 수 있겠지란 생각에 숙소로 돌아와 쉬는 경우도 있지. 하지만 한 번 방문한 나라를 다시 찾기는 참 힘들고 다시 가더라도 그때의 그 풍경을 다시 돌려주지는 못한다. 또 쇼핑을 할 때 마음에 드는 물건을 봤을 때, 혹시라도 조금 더 낫거나 약간 싼 게 나타날지도 모른다며 돌아섰다가 다시는 그런 물건을 만나지 못해 후회하는 경우가 얼마나 많니. 이번 파리 여행에서도 만지작거리다 사지 않고 온 코트가 눈에 어른거린다.

또 친구나 지인이 문득 생각나면 먼저 안부 전화라도 하렴. 메일이라도 보내야지라고 생각하다 다른 일에 정신을 파는 사이에 그 사람이 외국으로 떠났다거나 심지어 죽었다는 이야기를 들었을 때의 후회스러움이란……

 그러니 뭔가 해야겠다는 생각이 들면 즉시 행동에 옮겨야 한단다. 그게 친구에게 메일을 쓰는 것이건, 안부 문자를 보내는 것이건, 산책이건, 영어 공부건, 운전을 배우는 것이건 일단 '해야겠다'란 생각이 들었을 때 곧바로 몸으로 지시를 내려 행동해야 하는 거야.
 시간은 누구에게나 공평하게 흘러간다. 그 시간을 넋 놓고서 혹은 여러 가지 고민과 생각으로만 채운다면 나중에 후회하게 되지. 무엇을 하건, 어떤 행동을 하건 똑같이 흘러가는 시간에 이왕이면 내가 좋아하는 것, 혹은 인생에 진정으로 도움이 되는 일을 해야 하는 거야.
 엄마도 이제 인생 후반전에 하고 싶은 일의 리스트를 만들어볼 생각이다. 요리, 발레, 심리학, 동양철학 등등 가운데 정말 마음에 드는 것을 선택하면 환갑 전에는 전문가가 되어 있지 않을까. 비록 발레를 배워 〈백조의 호수〉 같은 무대의 프리마돈나가 되진 못해도 우아하고 날렵한 몸매로 변신할 순 있지 않을까. 네가 비웃는 소리가 벌써부터 들리는구나……

내일도 출근하는 딸에게

초판 1쇄 발행 2014년 3월 3일 초판 27쇄 발행 2019년 12월 16일

지은이 유인경
펴낸이 연준혁

출판 2본부 이사 이진영
출판 6분사 분사장 정낙정
디자인 urbook

펴낸곳 (주)위즈덤하우스 미디어그룹 **출판등록** 2000년 5월 23일 제13-1071호
주소 (410-380) 경기도 고양시 일산동구 정발산로 43-20 센트럴프라자 6층
전화 (031)936-4000 **팩스** (031)903-3893 **홈페이지** www.wisdomhouse.co.kr

값 13,800원
ISBN 978-89-966287-9-8 13190

- 인쇄·제작 및 유통상의 파본 도서는 구입하신 서점에서 바꿔드립니다.
- 이 책의 전부 또는 일부 내용을 재사용하려면 사전에
  저작권자와 (주)위즈덤하우스미디어그룹의 동의를 받아야 합니다.

이 도서의 국립중앙도서관 출판예정도서목록(CIP)은 서지정보유통지원시스템 홈페이지
(http://seoji.nl.go.kr)와 국가자료공동목록시스템(http://www.nl.go.kr/kolisnet)에서
이용하실 수 있습니다.(CIP제어번호: CIP2014005517)